家有顽童

ANDREW FULLER
[澳] 安德鲁·弗勒 / 著
夏欣茁 / 译

南方出版社·海口

推荐序

我是一名家庭教育指导师、心理咨询师，经常有家长来向我求助。大家求助的问题通常包括：孩子太叛逆怎么办？孩子沉迷游戏怎么办？孩子不爱跟我交流怎么办？孩子专横跋扈怎么办？孩子做事拖延、没有朝气怎么办？

当一个家长满面愁苦地带着很多“怎么办”来找心理咨询师的时候，通常他的家庭里有一个“棘手”的孩子。这些通常被人们认为不听话、不乖、讨人嫌、早晚出大事的孩子，就是这本书的主角，统称为顽童。

顽童的父母们总是非常沮丧和懊恼，他们对自己孩子非常失望，有的甚至很绝望。还有很大一部分父母陷入自责，觉得孩子的问题是自己不称职造成的，从而感觉自己很失败。这其实进入了一个死循环，孩子需要帮助，家长却不能帮助他们。因此，“顽童”更加顽劣，家长更加无助。

家长们之所以这样，其实是自己的信念导致的。当他们看到孩子不是自己想象中的样子的时候，会把这一点看作问题，却很难看到他们的独特之处和性格优势。比如一个凡事都要反问一句“凭什么”的孩子，其实很有自己的想法，不会人云亦云，他很可能会成为一个辩论高手。如果可以尊重他的性格特点并满足他的心理需求，再加上合理的教导，没准他会在司法领域出人头地，成为一名非常优秀的辩护律师。可惜很多家长并没有这样的认知，更不知道如何做，因此才会如此无所适从。

所幸有这么一本《家有顽童》可以帮助大家。这本书为家长提供了两个工具。一是认识，你可以先准确地判断和认识孩子的天赋；二是转化，你可以学到最大程度地引导和挖掘孩子天赋的方法。

作者安德鲁·弗勒，作为一名澳大利亚临床心理学家，他一直在社区和学校中从事青少年的心理辅导工作。25 年的工作经历，让他突然发现自己所辅导的孩子其实都是一个样子！他们非常的相似，又有微小的差别。于是，安德鲁·弗勒首次将顽童按心理学的行为模式，分成了 6 种类型。他对 6 种类型顽童的性格、教育误区、教育对策、天赋潜能、代表人物，进行了细致的解析，并构建了转化的步骤，帮助无数家长和老师找到最恰当的转变策略来激发顽童的巨大潜力。

家有顽童，你注定会遇到各种挑战，而你需要相信，这些挑战正是他的潜能所在。重要的是，你需要学习如何应对他，最大程度地帮助他成为那个最好的自己。

应对的方法就在这本书里，你可以读起来、学起来、用起来！

刘称莲

高级家庭教育指导师

国家二级心理咨询师

最具影响力的家庭教育作家

作者序：家有顽童

是天生爱冒险，还是后天养成？

究竟是执拗还是执着，是好斗还是勇敢，是自大还是自信，是散漫还是爱自由，是桀骜不驯还是个性鲜明——随便你用什么样的词汇来形容，有的孩子就是惊人地难以教化，他们便是本书要解读的各路难缠的“顽童”。

听话、顺从和讨人喜欢的孩子谁都能教养得很好。教育乖孩子如同水到渠成一般顺利，他们似乎自己就能长大。你很容易知道他们心里在想些什么，只要顺手点拨一下就搞定了。

顽童可就不一样了。想要当好这类孩子的父母，你需要具有相当于指挥两次世界大战的运筹帷幄水平，还必须能够准确地判断什么情况下应该紧盯严防，什么情况下应该见好就收，什么情况下应该放手一搏。

凡是家有乖儿乖女的，都应该感恩世界之美好。倘若家有顽童，也不妨将其视为上天赐予的重任。

顽童家长的普遍反应是：

“任凭我说破了嘴，他也……”

“但凡她认定的事情，谁说也改变不了。”

“有时候我看着她，什么都不想做，就只想尖叫。”

“你说什么他都有话在等着你。”

“你要是事事都顺着她就平安无事。”

“他可以跟你辩上好几个小时。”

“你说反对她根本就不搭理你。”

以上遭遇你是否觉得非常熟悉呢？如果是的话，那么恭喜你，你也喜获顽童一个。家有这般儿女的父母日子不是不太好过，而是非常难过。但也没必要整天唉声叹气——要知道正是这些孩子能够撼动世界！他们多半天生就是领导者，但是否能够最终成为领导者，关键就看你能否让他们把天性中的强势用于为善而不是作恶了。

一些你可能不太想听到的话：

顽童不会自己变得听话，倘若没有被驯服的话，就会让父母连续数年备受煎熬。事实上，这些孩子的性格通常相对稳定——父母如何引导才是顽童能否走上“正道”的关键。

顽童是未来世界的领袖。他们的共性是目标明确，意志坚定，不达目的誓不罢休。这类孩子绝不缺乏坚韧的品质，更不是什么多愁善感的类型。他们的桀骜不驯可能会令家长苦不堪言，但绝对能让他们自身对自我获得超乎凡人的领悟。

数多少风流人物，从天才到智者，从政客到领袖，他们都曾是难以管教的子女。遗憾的是，史书未能记载圣女贞德和亚历山大大帝离开家乡，出去闯荡之际他们父母的内心活动。他们是眼含热泪地对孩子说："早些回来啊，我的儿！"还是长长地舒了一口气，然后在心里说："谢天谢地，可算是走了，让他们去征服全宇宙吧，饶了我们这当父母的吧！"我倾向于相信后者更接近实情，不过教养顽童其实是颇有趣味的事情呢！

如果你们家的孩子正好属于这种类型的话，本书就是为你而写的。

关于本书

过去的 25 年，我一直从事专门针对少年儿童的心理辅导工作。直到有一天，我突然发现我所辅导的所有孩子其实都是一个样子的。当然，我指的不是相貌或者气质，而是说他们具有一些相同的问题。

在和成千上万的家长探讨过这些问题之后，我最终总结出顽童的几大行为模式。

如果没有无数家长——所幸其中不包括我——的辛酸和血泪，就不会有这本书的诞生。这本书理应献给那些和我分享教育体验的父母和老师们，是你们给了我灵感。

目录

第一部分

从顽童到天才：你的孩子属于哪种类型？

命运最大的玩笑之一就是，那些最难管教的孩子往往最终成了主宰世界的精英。因为这种孩子精力旺盛，多有将帅之才。在与家长和孩子打了 25 年的交道之后，我总结出来，孩子不外乎两种类型：

第一种：可爱乖巧、人见人爱型。你肯定遇到过这种孩子——如果你吩咐他整理房间，过几天再看，他保证完成了。

第二种：暴躁坚决、特立独行型。这种孩子极难管教，足以把他们的父母逼疯，但同时也是最具有领导天赋的。本书的第一部分将专门探讨我们该如何识别这类孩子，从而最大限度地开发他们的潜能。

第一章　教育顽童的黄金十诫

一个濒临崩溃的母亲给我打来电话，抱怨她的女儿既自大又固执，而且专门在公共场合羞辱她这个当妈妈的。

“她都说什么了？”我问。

“她用最大的音量冲着我喊：你真没用，就像只瘦猴。”这位母亲语带绝望地向我求助。在一番交谈之后，我给她提供了一点建议。这位母亲后来打电话向我通报了事情的经过：

当她的女儿又一次故技重施的时候，这位妈妈按照我的建议，冷静地扭过头来对女儿说：“不，亲爱的，没用的人是你——你怎么都不会吸奶，害得我的乳头到现在还疼得要命。”

在回家的路上，女儿对妈妈嘟囔说：“你可不要再当着众人的面那样说了……丢死人了。”

本书不乏这种机智的点子。它们都是家长们在和孩子的实战中积累下来的，其中一部分专门针对青春期的孩子，不过绝大多数是面向少儿的。我相信诸位家长在阅读这些点子的同时一定也能想出更多有创意的办法来。

我们先来掌握凝聚了众多顽童父母的心血和经验的“十诫”，即十大忠告，以便对顽童的教育问题有大致的了解。

十诫之一：他们永远比你更有精神头

顽童具有原子弹一般的巨大能量。随便一个小孩或者青春期的少男少女和你斗起嘴来所爆发出来的精气神都比任何一个成年人一辈子的能量加起来还多，更何况他们还会投入百分之百的努力。因此，但凡明智一点的家长都懂得只能专攻孩子的某些方面，千万不可好高骛远。

十诫之二：两条鳄鱼相遇，必有一场恶战

如果我们用脑波扫描或者正电子发射型计算机断层显像技术（PET）来监控顽童在争吵时的大脑活动，会发现一些非常鲜明的特征。此时的大脑有两个部分异常活跃——一个是脑干，这部分主要负责兴奋；另一部分就是小脑扁桃体，它的功能就是决定“我到底是打还是跑呢”。除此之外，此时顽童的大脑里一片寂静。

这等于是说，在争执达到高潮的时候，顽童的理智程度和普通的鳄鱼没什么区别。和情绪激动的顽童摆事实、讲道理纯属白费脑细胞，所以暂且把你深刻的大道理收起来吧，省点力气。他的听觉和知觉在这种时候是关闭的，根本听不进你的谆谆教导。

当你自己也气鼓鼓的时候，你的理智程度也几乎等同于普通鳄鱼，而两条鳄鱼相遇，必有一场恶战。所以如果可能的话，家长们最好暂时撤退，先冷静一下，再考虑干预。

十诫之三：不要和猪在猪圈里搏斗

顽童最爱热闹。摇滚乐、伤口、鲜血淋漓的画面、惊心动魄的剧情和

刀光剑影的场景最对他们的胃口。不仅如此，他们还非常善于在日常生活中制造跌宕起伏的故事情节。创造传奇和营造紧张气氛也是他们的拿手好戏。

我经常对家长们说，和顽童斗嘴无异于和猪在猪圈里搏斗——结局一定是你们双方都滚一身泥，唯一的区别是猪开心而你不开心。如果你想让孩子从斗争中获得巨大乐趣的话，尽情和他们斗嘴吧。但如果你的目的是纠正孩子的错误，我们必须另辟蹊径。

这并不意味着家长面对顽童只有举手投降的份儿，只是说明我们必须比孩子更加狡猾！除非你想让孩子看你的笑话，否则请尽量避免激怒他们。

容易燃起战火的提问方式

没错，很多父母偏偏就爱用这类问题来挑战顽童敏感的神经，由此引发战争的概率是百分之百。

典型的挑衅性问题包括：

- “你有作业吗？”
- “你打扫房间了吗？”（明知故问）
- “你不是真打算穿成这个样子出门吧？”
- “你要我说多少次才行？”
- “你到底有没有脑子？”
- “你是不是可以给我解释一下你的成绩单是怎么回事？”

如果你的目的是激怒面前的这头小狮子的话，尽管这么问他（她）。结果将是他（她）穷追不舍，而你却落荒而逃——因为你的提问很有可能会引发一场长达几个小时的论战。

所以，请把挑衅性问题改成陈述性表述。例如：

“好了，你该做作业了。”

“去把房间在晚饭前打扫干净。”

“我想提醒你我们达成的协议。”

“我们来谈谈怎样能提高你的成绩吧！”

我们正好由此过渡到下一诫，那就是多数顽童的家长都发现惯例的威力要远胜于说教。

十诫之四：说得好不如做得好

与其没完没了地说教，倒不如以身作则。近二三十年来似乎涌现出一种趋势——父母好像有义务向孩子解释做每一件事情的理由。不可否认，有些解释是必要的，只不过父母们千万不要以为只要自己说明白了，孩子就会自动服从。

这种方法对平常孩子还有可能管用，但顽童们通常还没等你把话说完就走人了，要不就抢先把自己的意见表达出来，连开口的机会都不给你。所以，对待顽童，说得好远不如做得好。

研究证明，在家里培养一些良好的惯例可以收到极佳的效果。这会有助于维持家庭气氛的和谐和安定，而对于顽童来说，和谐和安定是大有好处的。这些惯例无须太多经济上的投入，事实上，最好的惯例甚至不需要破费，它们往往是一些让孩子事后会说“妈妈，下次我们还……好吗？”或者“爸爸那时候总是让我们……”的固定活动。

每个家庭都有自己的惯例，可以是周五的比萨饼日，也可以是周三晚上的全家散步，或者周日的电影专场。所谓“惯例”就是无论孩子的表现怎样恶劣，全家人都固定要做的事情。

> 惯例就像是照片墙上的相框，让我们可以把最美好的记忆都挂起来。

不过在有顽童的家庭里，这种惯例比较容易被中断甚至取消。我曾无数次地听到父母们对我说："我们以前经常在周五晚上叫比萨吃，可是自从有一天晚上他莫名其妙地大闹了一场之后，我们就停止了。"或者"我们以前经常一起出去，但是她实在太闹了，只好取消了。"

如果你也曾遇到类似情况，冷静地考虑一些新的惯例吧！

可供参考的家庭惯例

- 周二电影日。
- 周四外卖日。
- 去附近游泳馆游泳。
- 周五比萨饼日。
- 周日午餐。
- 周六清扫日。
- 周三保龄球日。
- 做礼拜。
- 社区活动。
- 体育。
- 一起看电视（之后最好交流观后感）。

◆ 照顾宠物。

◆ 家庭聚会。

十诫之五：培养孩子的抗压能力

良好的抗压能力会让你的孩子在遭遇人生低谷时迅速地振作起来。当困难降临的时候，预先培养的抗压能力会帮助他走出困境。

有助于培养孩了的抗压能力的因素包括：

◆ 家人的爱。

◆ 广交朋友。

◆ 被一个除家人以外的成年人所欣赏。

家人的爱

你应当经常对孩子明确地重申（即便你不满意他目前的表现）：我对你的爱会始终如一。

但如果你真的爱你的孩子，还必须谨防自己的爱被他们“利用”了。过于奉迎孩子的父母最终会因为被“利用”而感到愤怒，而这种情绪会妨碍家庭的和谐。如果你也有类似感受的话，就不要再过分奉迎孩子。让自己休息一下，不要过于积极。

父母也是人，如果经常睡不够或者精神过度紧张照样会崩溃。和顽童在一起的生活足以挑战最坚强的人所能忍受的极限。教育子女是一场马拉松，不是百米冲刺。所以要先照顾好自己，这样才能做到既满足了孩子的需要，又不让自己筋疲力尽。

决定孩子一生是否幸福的首要因素就是家庭关系，因此作为家长，与孩子建立一个牢固而又积极的情感纽带是你的第一要务。如果你和孩子当中有一方的行为正在危及家庭关系，你应该及时遏制这种势头，并且做出改变。

给过度积极型父母的七个提醒

1. 记住：孩子迟早有一天要独立。
2. 唯有给孩子独立解决问题的空间才能培养他的自信心。
3. 有些事情孩子自己完全有能力解决。
4. 别帮倒忙。越俎代庖可能会让孩子丧失个性。
5. 穷人的孩子早当家。温室里的孩子学不会吃苦耐劳。
6. 孩子自己能做的事情千万不要代劳。
7. 如果你发现孩子不感激你的帮助，以后少插手。

广交朋友

影响抗压能力的第二大因素就是友情。父母应该不断为孩子拓展交友空间。最理想的就是让孩子在校内和校外拥有不同的交际圈。青少年社团、亲戚朋友、俱乐部活动、青年会、教会小组、儿童团、夏令营和社区服务组织等都可以提供交友的机会。

通常惹出大麻烦的顽童都只有区区几个兴趣相投的朋友，所以最好鼓励他们和各种性格的人交往。

有些顽童生性孤僻。喜欢独处本身没什么不对，但是学会和不同类型的人打交道是一种很有用的技能。这对于待人处世方式比较单一的顽童来说尤其重要。

除家人以外的成年朋友

养育子女本身就是一个难题，养育顽童更是一个让人筋疲力尽的难题。倘若能有一个孩子可以亲近的，同时还是成年人的非家庭成员，可能会发挥很大的作用。这名成年人平时不要参与日常的管教，也不一定非要解决孩子的具体问题，而应该是孩子觉得无法向父母倾诉时的一个替代对象。

十诫之六：要慎重安排睡前活动

孩子在临睡前从事的活动会被带进梦境中去。你在孩子入眠之前对他说的话会让他印象最为深刻。所以要注意：

无论你这一天过得有多糟糕，

无论与孩子曾发生过怎样的冲突，

无论你和孩子之间相互说了多少难听的话语，

都要在孩子入睡之前找机会和解。

如果你感觉一天的争吵过后孩子有可能会忘记你对他的爱，那么就提醒他一下。但愿你们之间的沟通会达成和解，迎来崭新的一天。

常言道："生气不隔夜"，实在是大有道理的。

十诫之七：结识孩子的朋友，并款待他们

对孩子结交的朋友了如指掌，这样你就如同掌握了一件有力的武器。作为顽童的家长，你不但要认识他的朋友们，还要尽可能地结识他们的父母。

有什么好办法能让你和孩子的朋友们混熟呢？当然是给他们做好吃的了！组织一次烧烤，从此你就有了最忠实的盟友。

你最好还得结识他们的父母。首先，永远不要就此事征求你孩子的意见。接下来就是找任何可能的机会给他朋友的父母打电话，重点是自我介绍，而且要做好一遍又一遍地重复的心理准备："嗨，你好，我是某某的妈妈（爸爸），我叫……"

这乍听上去似乎没有必要，因为大多数人生活忙碌，你不能指望他们会记住自己孩子的朋友的父母的名字。但只要坚持不懈，你就更有可能在出现麻烦的时候获得这些家长的协助。

十诫之八：寻找共同语言

在顽童们发火的时候和他们交谈要比在他们平静的时候更容易。在亲子交战的时候，他们会爆发出大量的语言，滔滔不绝；而当你静下心来想和他们聊上一会儿的时候，却发现他们反应冷淡，和一堵墙没什么区别。

你必须刻意积攒一些谈资。如果你自己找不到的话，不妨去问问孩子的老师、体育教练或者其他家长。获得谈资的最佳途径之一就是注意观察孩子最喜欢看的电视节目，然后陪着他们一起看几回。头一两次不要发表意见，等到某一个适当的时机，借用节目中的某件事来挑起话题。

即便你们家里被破坏的惯例之一是吃饭时绝对不允许电视、收音机、电脑等任何可以发出声音的电子产品的干扰，我还是建议你把能关的电子产品都关掉，甚至连电话都转到自动留言功能上去，然后试着利用吃饭时间和孩子交谈。（当然，如果这正好和他最喜欢的电视节目撞车的话，建议你更改吃饭的时间。）

在没有任何电子产品分散注意力的情况下共进晚餐，这的确让人一时难以适应，甚至有点恐怖，尤其是在大家已经习惯被各种噪声包围的情况下。曾有一个家长告诉我，他们家商定了一个为期六周的协议，规定每天至少有一顿饭必须在安静的环境下吃。结果前五顿饭都是在令人浑身难受的静寂中度过的，接着在第六顿饭时爆发了一场争吵。一直到三个星期之后，才开始有人偶尔发出除哼哼声之外的声音。

因此，对付顽童的关键在于坚持。父母往往很容易屈服于孩子对电子游戏、电脑和电视的天生兴趣，但不要因为孩子老是对你耸肩或者顶多用“不知道”和“没什么”来搪塞你，就产生要放弃的念头。

十诫之九：时机最重要！

一定要把握时机。（后面说到情绪变化时，我们还会进一步谈论这个话题。）如果你看到孩子正懒洋洋地躺在沙发上，这显然就不是一个命令他去倒垃圾、喂猫、喂鱼、清理洗碗机或者粉刷整栋屋子的最佳时机！等他们偶尔处于站立状态下的时候，最好还是在行走过程中，再考虑尝试吧！

还有，要知道孩子需要时间去消化你发出的指令。如果你的孩子正处于青春期的话，这一认识对于你尤为重要。你应当在提出你的要求或者建议之后迅速离开，容许孩子有时间去慢慢消化指令的内容。命令在发出和得到执行之间可能要隔上好几分钟。只有那些不够聪明的父母才会在发出命令之后还留在原地等待孩子有所反应。不要犯傻了，说完了就走人吧！你可以时不时折回来查看一下进展情况并及时对孩子的进步提出表扬。

例如，在说完“请去把猫喂了”之后你就可以走开了。几分钟之后再

回来说一声："太好了，你的一只胳膊已经抬起来了。"然后再次走开。过几分钟再回来说："太棒了，猫正好在你身边。"

有位母亲最近尝试了这一策略。她一回到家就对女儿说："请把你身边的垃圾拿到外面去。"说完就走了。接下来屋里一片静寂，一丁点儿的声音都没有。没过多久，她听到后门被摔上的声音，接着传来她女儿的声音："你别指望我会把厨房的垃圾也拿出去！"

十诫之十：孩子需要你！

当你在教育顽童的过程中备受挫折的时候，可能很难相信这一点，但孩子的确需要你。顽童比普通的儿童更需要父母的陪伴。他们需要更多的爱、更多的耐心，直到学会控制冲动的情绪；也需要更多的时间去相信自己不会辜负你的期望。尽管看上去并非如此，但他们确实是这样想的。

没有哪个孩子不害怕被抛弃。顽童们更是时常担心自己会因为不够幽默、不够勇敢、不够坚定、不够机灵、不够谨慎或者不够优秀，从而丧失父母的宠爱。很多时候，他们调皮捣蛋都只是为了掩饰这些恐惧和忧虑。

你所能教给孩子的最重要的一课就是你看重的是他们本人，而不是他们的表现。顽童更加需要明白这一点，而除了父母之外真的没有别人能让他们懂得这个道理了。

补充资讯：孩子不仅需要你做他们的朋友，更需要你做他们的"畏友"。

畏友

佛教里有一种说法，是我见过的对顽童和父母之间关系的最佳写照，叫作“畏友”（fierce friend）。

一个“畏友”会：

◆ 义无反顾地陪着你。

◆ 一切都是为了你好。

◆ 摆明了不会忍受你的牛脾气。

但愿我们每个人一生当中都能得此“畏友”。和这样的朋友在一起也许不总是那么让人舒服，因为他们经常会说一些你不爱听的话，但他们绝对是你可以依靠的人，是在患难之中为你遮风挡雨的人。

想要成为孩子的“畏友”，父母必须具有钢铁般的意志。你首先要坚持参与孩子的生活。顽童惯于在必要的时候诱使父母背离原则，所以你一定要让孩子明白，在成长的过程中，想要如愿以偿的话，他们必须先学会与人协商。

成为孩子的“畏友”，意味着是在承诺：“无论是上刀山还是下火海，你愿意还是不愿意，我都会一直陪在你的身边。”如此豪言壮语好像有点不切实际，但这不仅会让孩子倍感安慰，还会为你们之间的亲密关系奠定一个坚实的基础。因为你的潜台词是：“无论发生什么事情，我都不会放弃你。”这一承诺对于青春期的少年和幼儿都同样重要。

“畏友”的第二大特征就是永远为你着想。他们是你生死与共的支持者。顽童经常逼得父母不得不使出最不体面的伎俩——哄骗、操纵和胁迫。更糟糕的是，这类孩子最有可能误把世界当成一个充满敌意和惩罚的地方。他们需要有人来澄清这些误会，而你就是他们的领路人。

成为孩子最坚定的支持者，意味着你要更多地去注意他们的优点和长处，而不是那些让人讨厌的表现。即使孩子“一时失足”，你也要对他说：“别担心，我相信你会振作起来的。”顽童最不值得原谅的时候也恰恰是他们最需要爱的时候。

在我从事心理咨询工作的时候，经常听到顽童们提及父母的信任对他们有着多么大的影响。一个男孩曾对我说：“我当时真的很想加入贩毒团伙，可我妈妈总是说她有多么相信我，多么爱我，我无论如何也不能让她失望。”

作为孩子的“畏友”，你的责任还包括要保护他避免受到伤害。当你预见到危险可能即将发生的时候，适时地把他拉走或者转移他的注意力都是可以采用的策略。

有一种教育理论主张父母应该让孩子承担其行为的直接后果。例如，如果孩子不按照要求把脏衣服放在洗衣篮里，父母就不洗他的衣服，这样迟早孩子会懂得该怎么做。这种理论不无道理，在多数家庭里也都行得通。

但是如果你家里有顽童的话，千万别采用这种教育方法。这类孩子的极端天性决定了我们做父母的必须更快地进行干预。按照上面提到的教育理论的逻辑，孩子只有尝到被孤立的滋味才会明白：不应该在公众场合里耍脾气。如果做父母的任由顽童自己去领会这个道理，那么等他终于懂得了，朋友早就都抛弃他了。期待顽童通过直接后果来吸取教训，只会让事情变得更糟。

我们将在后面的章节中谈到，顽童的父母必须比普通孩子的父母更加紧跟孩子的节奏。

此外，还有一些为单身的顽童家长特别提供的忠告。

如果你是孤军奋战的话……

教育顽童有的时候真的非常艰难。他们甚至能够离间并分别攻破最稳固的家长教育联盟，留下老爸和老妈相互拌嘴，自己反倒悠然走开。如果你碰巧还是独自养育子女的话，难度更有可能成倍地增长。

以下是对单亲家庭的一些建议：

睡眠一定要够。顽童的精神头是惊人的，你绝对熬不过他们。所以，务必严格保证自己的睡眠时间。请仔细阅读本章里关于睡眠的内容。

要有援军。你免不了会在某时某刻认为自己作为家长失败得一塌糊涂，此时不妨找一个你可以信赖的人来充当你的听众。必要的时候给朋友打电话求助。让他们来担任你的教育军师。你不一定每次都要按照他们说的去做，但这至少会有助于你理清思路。

要有朋友。顽童在社交场合下可能会让你难堪，结果导致你不敢再带他出席任何交际活动。事实上，不用这么极端。你的朋友中或许有些能够理解你的难处，也有些本来就不那么喜欢儿童。把你的朋友分成两类，哪些能够忍受你的孩子，哪些只有在孩子不在场的情况下才可能和你聊天。

不是每场仗都一定要打赢。单亲家庭的父母没有足够的精力去和顽童争夺每一块阵地。更何况多数顽童不但享受家庭斗争，还能从对父母的折磨中尝到乐趣。所以花点时间认真找出五条你绝对不能妥协的基本原则来。例如有些家长认为完成学业、诚实做人、友好真诚、言而有信和待人如己是必须要做到的事情。一旦你分出轻重之后，就专攻这几个方面。凡是涉及这些原则的教育问题，你都要寸步不让。除此之外的事情，你就视而不见吧！

找一种方法可以让你理清思路和恢复理智。养成某种日常习惯，让你可以给自己留出哪怕只是一丁点儿的时间来调整状态。

谨慎对待新恋情。顽童太习惯于称霸家里，以至于当父母有了新的恋情时他们会倍感威胁。他们甚至有可能因此把爸爸（或者妈妈）正在萌芽状态的浪漫关系扼杀在摇篮里。所以，当感情还处在发展阶段时，最好先不要把未来的伴侣介绍给你们家的顽童认识。

你才是孩子的亲生父母。即使有了新的伴侣，也不要让他或者她来教育你的孩子。家庭新成员往往具有很强的帮助欲和保护欲。因此，你的新伴侣有可能会在目睹顽童给你出难题的时候插手干预。不要允许他们这样做。这不但会引发孩子的抵触情绪，也有可能伤害到你的新恋情。温柔地告诉你的她或者他，你需要的是一位爱人，不是一个后备家长。

后面的章节

当然，顽童各有各的性格。他们尤其会无比顽固地坚持自己的性格。然而在和他们打了这么多年交道之后，我发现他们还是可以被划分为几种普遍类型的。

你的孩子不见得完全符合其中的某一类，但你还是有必要浏览一遍，了解一些常见的特征和应对策略，目的不在于给你的孩子“归类”，而是获得一些解决问题的灵感。

顽童的某些行为具有和固定舞步一样的可预测性。可问题是，每当顽童翩翩起舞的时候，家长们却在疲于追赶。接下来的章节将为你介绍若干种常见的舞步，或许可以让你在以后的日子里跳得更加从容。

与其试图把你的孩子定性为“某一类”，倒不如思考一个更重要的问题：我的孩子需要什么样的父母呢？

你将要看到的描述可能会让你产生一些不舒服的感觉。它们或许过于直白，或许让你觉得过于消极，但我认为有必要诚实地去面对这些常见的顽童行为，以便更好地帮助他们。

顽童（甚至包括那些已成年的“顽童”）的一个普遍弱点就是容易一条路跑到黑。他们往往用一种方式处理所有的事情。固执的性格决定了他们会把这唯一的策略贯彻到底。最大问题在于，当一种方法用得太过习惯的时候，他们就不想再去学习别的方法了。

而作为父母，我们都清楚：想要成为抗压能力强的成功人士，孩子必须学会灵活地处理事情。

小　结

- 教育顽童需要清晰的思路。
- 要能够像战略大师一样运筹帷幄。
- 要学会避战的艺术。
- 杜绝挑衅性的提问方式。
- 惯例对于顽童比命令更奏效。

第二章　你的孩子是操纵型吗?

座右铭：

不惜一切代价！

代表人物：

安吉丽卡：美国动画片《小淘气》(*The Little Rascals*)中的角色，狡猾、爱操纵同伴且足智多谋，最爱给表亲和朋友制造陷阱。

伊丽莎白一世：她的母亲安妮·博林失宠于亨利八世而遭斩首，自己则被同父异母的姐姐玛丽所囚禁，后者最终被她处死。作为英格兰历史上首位长期执政的女王，她惯于在风声鹤唳中求生存，并善于在党派中挑拨离间。

亨利·基辛格：尼克松时代的国家安全顾问，他一手促成了1972年尼克松的中国和苏联之行。这两次举世闻名的访问旨在缓解美国与共产主义世界的紧张关系。

理查德·布鲁斯·切尼：美国前副总统，统管阿富汗和伊拉克战争。他曾是哈利伯顿能源机构的CEO，该机构在重建伊拉克的过程中获得了丰厚的合约。

操纵型的孩子善于把成年人玩弄于股掌之中，让他们即使被耍得团团转也心甘情愿。这种类型的顽童喜欢主宰和控制他人，甚至有可能欺凌同伴，却非常懂得讨成年人喜欢。

我能想到的最具有代表性的人物就是动画片《小淘气》中的安吉丽卡。如果你没见识过这个角色，实在是毕生的遗憾。这些孩子是拥有天使面孔的小魔鬼，男孩女孩皆有。

操纵型孩子的特征和表现

操纵型的人意志坚定，如果从事商业绝对会取得巨大的成功。他们做事绝不三心二意，而且喜欢指挥别人。你最好祈祷永远不会落在他们手上。即便有一天你要住进养老院，也最好祈祷院长不是这种类型的“顽童”。

操纵型的人的存在是法国作家让·季杜罗（Jean Giraualoux）那句名言的现实写照：“成功的秘诀在于真诚——如果你连这点都能伪装的话，还有什么办不成的事情呢？”

这种孩子在家庭环境中可能会表现得比较低调。即便如此，你也会发现他们对自己的权利要比义务清楚得多。另外，你还有必要知道在不同的场合下操纵型孩子的表现会有很大差异。

操纵型孩子的父母们会失望地发现他们眼中那个完美的孩子唯有和成年人在一起时才会表现得乖巧可人，一旦到了同龄人面前就骤然变成了一个彻头彻尾的独裁者。

永远不要让操纵型的孩子单独和其他小朋友相处，因为他们经常会拉帮结派并在小伙伴之间挑起纷争。他们惯用的手段是以牺牲某个小朋友为代价来赢取另一个的支持。

当操纵型的人和朋友闹翻的时候，结果经常是难以挽回的。

他们可能会对某些人表现得热情好客，同时却故意冷落其他人。因此，这种类型的孩子尤其需要学习如何维系稳定的交友圈和在出现意见分歧的时候保护和重建友谊。

如果和父母发生了矛盾，操纵型的孩子则很懂得软硬兼施。同时，也有可能表现得咄咄逼人，甚至指责父母愚蠢。

对于操纵型的人来说，单单成为关注的焦点还远远不够，他们必须是最优秀的。如果你不慎成为操纵型的人实现目标的障碍，你将会面临羞辱、打击甚至是连大多数律师都自愧不如的雄辩或者令少数尚有廉耻之心的政客都脸红的指责。

为什么操纵型的孩子需要帮助

操纵型的人是野心勃勃、目标明确的一族。这听起来似乎很适合在现今的社会里生存。然而当你意识到他们要的结局不是凯旋就是同归于尽的时候就再也笑不出来了。操纵型的人绝不能忍受成为亚军，所以一旦失利就会彻底崩溃。他们的尊严只能接受最好。

操纵型孩子的基本原则是只看结果。如果成功（博得成年人的赞赏）意味着必须说谎、欺骗和诋毁他人，他们绝不会犹豫。这种孩子的道德观是建立在利己主义的基础上的。

操纵型的人的另一个弱点在于他们的社交圈子极为狭窄。除非有人帮助他们改变待人处世的方式，否则最终他们将成为极少数人尊重、多数人害怕、所有人都讨厌的类型。他们将注定孤独一生。

父母对操纵型孩子的教育误区

父母们对待操纵型孩子的态度会经历一个渐变的过程。起初意识到孩子本质的时候会表现得难以接受——“你一定是在说别的孩子吧？”——因为他们的宝贝一直那么的讨人喜欢。等到他们亲眼目睹了孩子对待其他同伴的态度之后，意外又转为了震惊。他们会想要找出导致孩子行为反差的根源。实际上，他们的孩子并没有发生什么性格上的转变，只不过父母以前没意识到而已。

父母们紧接下来的反应就是羞愧。他们担心孩子长大以后会变成一个恃强凌弱的人。家长们在羞愧之余会下意识地想要当场指出孩子的不良表现，这难免会引发信任危机以及涉嫌侵犯孩子的隐私。

教育这类顽童的一个常见误区就是父母们会在不经意间和孩子犯同样的错误。例如，某位家长因为担心孩子有事情隐瞒自己，于是偷偷摸摸地搜查孩子的房间或者偷看孩子的日记。这样做的最大风险在于你给孩子树立了一个反面榜样。

操纵型的孩子受管教后的一般反应

你有没有看过《驱魔人》（*The Exorcist*）这部电影？你还记得琳达·布莱尔扭过头来，嘴里喷出绿色胆汁的那个画面吗？当家长与操纵型的孩子当面对质的时候，其场面比那个镜头好不了多少。这些孩子起先可能会抵赖，如果不奏效的话，就会把责任推到父母身上，依次质疑你的动机、身份、教导甚至是你的神智。

怎样教育操纵型的孩子才是明智的

由于大多数操纵型的孩子长年在成人面前撒娇、装可爱，因此对于伪装精明和成熟非常在行，父母们首先应该反省的问题就是——自己对孩子的管教是否太过松懈了？所以父母们应当密切监督他们与同龄人相处时的表现。

想要真正帮助这些孩子，父母必须投入大量时间。操纵型的孩子早就习惯了当家里的小公主或者小王子，一旦这种至尊的地位突然被动摇，他们肯定在短时间内无法适应。

等到这些孩子意识到他们终于遇到了一个能看穿他们所有把戏的人的时候，他们的行为慢慢就会有所转变。操纵型的孩子最需要的是有人时时刻刻地监督他们，哪怕是细微的错误也一一指出，绝不纵容。

不过家长也没必要总是一副凶神恶煞的判官模样。事实上，最有效的方法就是语气轻快地告诉你家的操纵型孩子："今天我陪着你。"或者"给你一个惊喜，今天我们一起出去。"这有可能会导致他们一边翻着白眼一边抗议："我又没做错事情。"对于这种怨言最好的回答就是："亲爱的，暂时还没有，但不能排除这个可能性。"

最有趣的事情莫过于看到采取这种主动性教育方式的父母与操纵型子女之间形成的微妙关系了。你几乎能从孩子身上察觉到一种宽慰，因为他们终于遇到了一个完全对他们负责的成年人。

13岁的大卫是一个非常老练的操纵型的孩子。他的父母早在多年以前就离婚了，大卫正是利用父母之间沟通不顺畅的问题而成功地完成了不少小偷小摸的行为。

有一天事情终于败露了，当大卫拿着一台电脑从一所学校里溜出来的时候正好被警察逮个正着。他的父母和老师对此都感到难以置信，因为这完全不符合他们眼中的那个好孩子形象。于是我们决定采用密切监督的方法，这一次连学校老师也加入了。在接下来的六个星期里，大卫无论做什么事情都有人带着他、陪着他或者看着他。他的反应从最初的反感和抱怨变成了到最后非常享受成年人的关注。

操纵型的孩子还非常善于培养自己的跟班。这些人可能是朋友，也可能是祖父母或者兄弟姐妹。当你打算制止孩子的某种操纵行为的时候，别忘了先避开这些跟班。

想要让操纵型的孩子转变为“回报者”（Reciprocator）——在为自己索取的同时也施予别人——意味着你要教他如何与人相处。这是最让操纵型的人费解的学问。你要对孩子强调，当一个回报者要比当操纵者更加快乐，能够体谅他人的感受不仅是做人成功的基础，也是磨炼抗压能力的手段。

操纵型的孩子往往具有成为伟大领导者的潜质。不妨让他们自己去选择努力的目标。父母所能做的则是帮助他们应对各种麻烦，尤其是涉及自尊的问题（详见第二十章）。通常这类孩子的自尊是建立在超越别人的基础上的，并不满足于只取得积极的成果。

小 结

何谓操纵型：

- 能把成年人玩弄于股掌之中，让他们心甘情愿地被耍得团团转。
- 会欺凌其他儿童。
- 善于在成年人面前撒娇、装可爱。
- 意志坚定，固执己见。
- 野心勃勃，不达目的誓不罢休。
- 一旦和朋友闹翻，通常无法挽回。
- 必须成为关注焦点和最优秀的那一个。
- 相信结果决定一切。
- 不惜通过说谎和诋毁他人的方式去赢得胜利（或者为了取悦成年人）。

第三章 你的孩子是谈判型吗？

座右铭：
一切都是可以商量的。

代表人物：

巴特·辛普森：美国动画片《辛普森一家》中的角色。凭借那种“老子软硬不吃”的态度和机关枪一般的顶嘴本事，巴特是天生的谈判型。

埃米琳·潘克赫斯特（Emmeline Pankhurst）（1858—1928）：毕生为女性权利而斗争。经常因为武力抗议而被捕，随后总是在狱中绝食抗议，直到由于健康问题而被释放为止。恢复健康后又会被关起来，然后周而复始。

淘气鬼丹尼斯（Dennis the Menace）：漫画家族里著名的调皮捣蛋鬼。

埃及艳后克丽奥佩托拉七世：在公元前 51 年到公元前 30 年间统治埃及的圣明女王，利用自己和罗马皇帝恺撒及其手下马克·安东尼的联盟关系为她的祖国赢得了和平与繁荣。

这一类型的顽童精明得一塌糊涂，但凡你有所松懈就会被他们占据上风。倘若你给他们两种选择，他们总能提出第三种。如果你答应了第三种选择，他们还会再想出第四种来。从古到今，这类人物数不胜数，从巴特·辛普森到汤姆·索亚再到哈克贝里·芬——所有这些艺术作品中的典型人物如果生活在现代的话，肯定都是心理医生重点治疗的对象。

谈判型孩子的特征和表现

这种类型的孩子如果投身商界必将前途无量。他们似乎生来就具有用不完的实用智慧。他们善于取悦和笼络人心，为大多数人所喜欢。作为谈判型孩子的父母，有时候你很想去亲吻自己的宝贝，有时候则恨不得揍他们一顿。

> 黄金法则：谈判型的孩子拥有让任何成年人都望尘莫及的充沛精力。

这就意味着想要教育谈判型的孩子，家长们务必要对议题精挑细选。如果目标太多，很容易导致你徒劳无功。

谈判型的孩子既幽默又狡黠。他们通常利用违抗指挥和命令的方法来左右局面。他们还爱用玩笑和调侃来赢得好感，手段极其高超。唯一的遗憾是他们不懂得适可而止。

谈判型孩子的一个共同特点就是他们都依靠转移注意力来避开可能失败的领域。真相在这些孩子眼中就是一个可以根据需要随意篡改的东西。

美国短篇小说家达蒙·鲁尼恩（Damon Runyon）写过一则经典的故事。一位长者对一个后辈说："哪怕你走过千山万水，哪怕你自认绝顶聪明，也永远不要忘记一点：总有一天，在某个地方，一个家伙会接近你，先是亮出一副未开封的扑克牌，然后跟你打赌，里面的黑桃J会自己跳出来往你的耳朵里喷苹果酒。我的儿啊！你千万不要和他打这个赌，因为无论你多么确信这种事情不会发生，最终都一定会发现耳朵里果真被灌满了苹果酒。"

而谈判型的人就是往你耳朵里灌酒的那个家伙。

为什么谈判型的孩子需要帮助

尽管谈判型的孩子能言善辩、讨人喜欢，但由于经常招摇撞骗，所以多数不受老师的待见，并很有可能给老师增添各类麻烦。如果没有及时加以教育，这种孩子就业之后往往缺乏诚信——说到做不到，表面一套，背地里一套。（详见第二十五章）

父母对谈判型孩子的教育误区

谈判型孩子的古灵精怪往往让父母先是被逗得哈哈大笑，回过神来才发觉自己上当受骗。家长们甚至发现自己反倒成了最难战胜的敌人。原因是谈判型的孩子实在太好玩了，让我们这些成年人都忍不住和他们乐在一起，还以为会因此而拉近关系。结果却发现这种孩子转身就是另一副面孔，你这才发觉自己其实只是他们利用和嘲弄的对象罢了。

正如同操纵型孩子的家长们为了当场抓住孩子犯错的证据以至于变得和孩子一样鬼鬼祟祟，谈判型孩子的家长也容易陷入“道高一尺，魔高一丈”的误区，例如放出狠话：“我一定要让他知道违抗命令的后果”，或者“我必须要让他按我说的去做”，再或者“看他还敢不敢不尊重我。”其实质不过是以恶制恶。

谈判型的孩子受管教后的一般反应

谈判型的孩子不喜欢被人看到他们乖乖就范的样子，所以除了满不在乎地耸耸肩或者抛出一句调皮话之外，别指望他们会有更多的反应。

其实，有些谈判型的孩子会顺应父母的要求而改变做法，但由于他们的态度看上去是如此的“不屑一顾”，以至于你以为他们不会服从。因此父母们要更多地关注他们的实际行动，而不是光凭语言和态度去判断他们的反应。

但也有些谈判型的孩子为了逃避眼前的难题会突然间“受伤”或者“疼痛难忍”——突然装病是他们惯用的小伎俩。

怎样教育谈判型的孩子才是明智的

谈判型的孩子其实非常可爱，一旦你看穿了他们的伪装之后，就会发现他们是很值得疼爱的孩子。多数时候，谈判型的孩子都异常独立，这常常让父母极度渴望能有机会靠近、拥抱和爱抚他们。但要切记，谈判的时候可不是表达怜爱的好时机。不要让孩子利用你的心软来达到目的。

谈判型孩子的父母最常犯的错误就是从一个极端走向另一个极端。转瞬之间就从想要拥抱孩子变为想要掐死孩子——这可不是什么理智的表现。

而且，这种自相矛盾等于是把主动权交到了孩子手上。不要误解我的意思，谈判型的孩子并不坏，只不过你不能让他们来主宰你的生活罢了。

教育谈判型的孩子是件相当棘手的事情。你不想否定他们的独特，他们却借此想要成为所有规矩的特例。所以有时候家长有必要适当否认孩子的特殊性，转而强调规矩不会因为任何人而改变。

对于这类孩子你必须明确地设定底线，一旦发现他们有所逾越就务必要让他们铭记教训。不要操之过急，应当坚持一两项基本原则，做到赏罚分明。务必要让孩子清楚地知道你的要求，明确地规定限度，然后反复提醒他们不可越界，要斩钉截铁地告诉他们没有商量的余地。

既不要和孩子斗争，也不要做出让步。当争执不下的时候，暂且退后，冷静观望。不要忘了你的目的不是要让他们屈服于你的意志，而是要让他们养成诚信和体谅他人的习惯，这一点对于他们将来的人生非常重要。

在你情绪激动的时候，语言将成为最危险的敌人，因为谈判型的孩子最善于玩弄文字游戏来达到取悦你、激怒你或者迷惑你的目的。口舌之争称得上是他们的必杀技。

多数谈判型的孩子都是观众越多越兴奋，所以当着他们的朋友，甚至更糟，当着其他家人的面和谈判型的孩子斗争是自讨苦吃，所以一定要把他们带到无人之处再进行对话。

很多谈判型的孩子同时也是物质狂。一个小小的奖赏有时候要比任何口头的表扬都更有吸引力，尤其是如果你让他们自以为创造了奇迹。不妨用一些简单的奖励，例如自由活动时间、食物和贴纸来辅助口头上的表扬。

珍妮是我辅导过的最聪明的孩子之一。她还不到八岁就已经把父母耍得晕头转向了。她机敏如闪电，尖锐如刀锋，简直就是女生版的巴特·辛普森，如果有一天她成为商业的精英我绝对不会感到意外。

但珍妮同时也是最高超的遁形大师。她居然经常能从老师的眼皮底下消失，神不知鬼不觉地回到家里，玩上几个小时的电脑。直到学校意识到她的失踪而通知了她的家长之后，一场好戏才拉开序幕。各路人马开始分头行动，满世界里寻找她的踪迹。

等找到她之后，珍妮的父母会花上几个小时的时间，苦口婆心地对她解释上学的重要性，以及必须让他人知道你的去向以保证安全等等。在把所有该说的都说完之后，他们会要求珍妮郑重地承诺以后不会再从学校突然消失。

可是在老老实实地上了几天学之后，你猜怎么着？在某一个上学的日子，珍妮又溜回家玩她至爱的电脑了。

她的父母简直要气疯了。她的妈妈诉苦说："她明明承诺了不再从学校里消失了，可每次都说了不算。"

当我和珍妮独处的时候，我问她是不是在故意惹父母生气，结果她突然两眼放光，然后狡黠地一笑。

我首先说服珍妮的父母停止要求女儿做出什么承诺，而是去关注她的实际行为。我们告诉珍妮每次逃学她都将遭到禁用电脑两天的处罚。在接下来的六个星期里，珍妮几次试验了这个规定的严肃程度，最终得出结论：父母真的不再和她讲什么道理了，而是二话不说，直接把电脑封掉，然后继续过自己的生活。

在激烈地反抗了几次之后，珍妮意识到父母再也不会像以前那样教育她了，并且感到因为逃学而丧失使用电脑的权利是非常划不来的事情。于是，她乖乖就范，再也不逃学玩电脑了。

小　结

何谓谈判型：

- 精明得一塌糊涂，但凡你有所松懈就会被他们占得上风。
- 永远另有打算。
- 幽默、狡猾、爱使诈。
- 通过违抗指挥和命令来左右局面。
- 爱用玩笑和调侃来赢得他人的好感，手段虽然高超，但不懂得适可而止。
- 依靠转移焦点来避开可能失败的领域。
- 把真相看作可以随意篡改的东西。
- 不喜欢被人看到他们乖乖就范的样子，所以除了满不在乎地耸耸肩或者抛出一句调皮话之外，别指望他们会有更多的反应。
- 异常独立。
- 善于玩弄文字游戏来取悦你、激怒你或者迷惑你。

第四章　你的孩子是辩论型吗?

座右铭:

说到最后的才是说得最好的!

代表人物:

玛格丽特·撒切尔:人称“铁娘子”(一个她颇为自得的绰号),英国首位女首相,拥有钢铁一般的意志和不可动摇的自信。“撒切尔主义”带来的工业私有化改变了整个世界的发展轨迹。

杰梅茵·格里尔(Germaine Greer):她于1970年出版了关于妇女解放的具有里程碑意义的著作《女太监》(*The Female Eunuch*),从那以后她就再也没有停止过与所有人的争吵。

约翰·肯尼迪:美国历史上最年轻的总统,一个动人的演说家,曾经成功地说服了当时的苏联领袖赫鲁晓夫把导弹撤回,从而化解了古巴导弹危机。

杰瑞·斯普林格:美国脱口秀主持人,因口无遮拦且善于挑起嘉宾之间的武斗而出名。一个天生的“挑拨者”。

英国前首相撒切尔夫人曾在接受澳大利亚记者乔治 · 奈格斯的采访时被告知有些人不怎么喜欢她推行的政策，她立刻表现出一脸受侮辱的样子，直接质问乔治都有谁对她的政策表示不满。基于这一段花絮，没有人比撒切尔夫人更适合代表辩论型的人了。

如果你命令辩论型的孩子去整理房间，他们会用一种无比愕然以及极其受伤的表情看着你，然后问："为什么让我去？"

这种类型的孩子男生女生都有，他们是感性世界里的理性分子，而且总能把责任推到别人头上去。

辩论型孩子的特征和表现

如果说辩论型的孩子有什么招牌式用语，那一定是："凭什么！"例如，他们常常会对你这样说：

"凭什么我像他那么大的时候你没让我那么做？"

"凭什么她有……"

"凭什么！不该轮到我。"

"凭什么！这不公平！"

"凭什么！我上次已经做过了。"

"凭什么！我的蛋糕没她的大。"

"凭什么！你没给我和她一样多的时间去做……"

这类孩子会密切关注任何有失公正的迹象，让你觉得家里时刻住着一个人权主义战士。他们似乎注定要在司法领域里闯出一片天地来。他们不但意志坚定而且还能言善辩——这二者的结合简直是致命的！

为什么辩论型的孩子需要帮助

辩论型的孩子无论在孩童时代还是在成年之后都是不同凡响的人物。他们不但自身精力超级旺盛，更会让你片刻不得安宁。尽管这种孩子在天资方面具有明显的优势，他们仍然非常需要改掉用单一方式处理事情的毛病。

遗憾的是，这类孩子通常搞不清楚自己的感受。尽管他们能察觉出他人对自己的厌恶，但往往对自己的能力和受喜爱的程度缺乏信心。除非我们能提高他们的安全感，同时拓展他们的交际技能，否则这种孩子迟早会成为爱操纵别人的“小魔王”。

父母对辩论型孩子的教育误区

父母们通常会费尽口舌地和辩论型的孩子讲道理，解释为什么自己的做法是公正的，他们并没有任何抱怨的理由。当然每个人都希望树立公正的形象，不过这样做基本上是在浪费时间。明知如此，家长们还是会时常这样做，权当是对自己的心理安慰。

当父母们发现自己无论怎样解释都是白费力气的时候，往往会陷入焦虑乃至濒临崩溃。其后果不外乎两种，一种是家长开始减少和孩子相处的时间以避免争执，另一种就是用更多的解释来围攻孩子。久而久之，家长和孩子的反应日趋相同——双方都觉得自己不被理解，于是一场让人难受的冷战就此拉开序幕。

辩论型的孩子受管教后的一般反应

如果你曾看过英国议会上的论战，就大概可以想象和辩论型的人争论的场景是怎样的。你可曾听过哪个政客对反对党说“你说得很有道理，我被你说服了”？从来没有过吧？辩论型的人也永远不会被任何人说服。再多的解释也只会让他们觉得更“受伤”。

怎样教育辩论型的孩子才是明智的

这些能言善辩的孩子会把你拖入关于公正的无休止的争论泥潭中去。不排除你偶尔觉得确实有解释的必要，但如果只是为了自己的某个决定而辩解，无异于作茧自缚。

英格尔太太告诉我，她的儿子总是抱怨自己在家里不受重视。他觉得其他兄弟获得的关爱和照顾都比他多，连得到的礼物都比他的更好。

“任何父母都不想看到这种情况发生，我自然也不例外。所以我试图跟他解释说：‘难道你忘了我只给你一个人买了自行车吗？还记得只有我们两个去吃饭的时候吗？’

“可无论我说什么，他都无动于衷。于是我只好更频繁地带他去购物，一开始这样做还有些效果，但很快他想要的礼物就越来越贵重。我的收入根本满足不了他的消费，同时我还要为忽略了其他孩子而感到愧疚。直到有一天，我意识到，其实他真正想要的不是礼物。”

不要和这类孩子长时间地辩论；相反，要温柔地对待他们。例如，你可以这样说："可怜的宝贝，你一定很难过吧！让我抱抱你吧！"你要安抚他们受伤的心灵。更多地给予他们理解而不只是怜悯，同时帮助他们创造解决问题的机会。

每周专为这些孩子留出一些时间来由他们决定如何安排你们之间单独相处的活动，这一点尤其重要。（这种方法适用于所有类型的孩子，对辩论型的孩子格外有效。）

有些辩论型的孩子需要你向他们说明确切的时间段，例如几点开始，几点结束。这会让他们感到这段时间是专属于他们的，否则他们会靠吵闹和抱怨来赢得你的关注。

那种和这类孩子单独相处的方法开始时是颇为有效的，因为他们发现想要获得爱和关注不再需要通过吵闹。但是，要彻底改变他们的某些想法需要一段时间。因此只要一有机会，父母就应该私下里表扬孩子。类似摸摸孩子的头发、拍拍他们的肩膀这样的肢体语言同样能让他们感受到自己是深受父母疼爱的。

拥有辩论型孩子的家庭要特别注意维持惯例和纪律，因为随心所欲很快就会演变成关于是否公正的争论。除非你想每次和孩子商量事情都像参加世纪大讲坛一样，否则请建立良好的家庭惯例，并要求所有人都同样遵守。

辩论型的孩子容易和兄弟姐妹们发生争执。这种斗嘴有可能会升级成令所有人都难受的战役。

如果我之前做的政治比喻还不足以令你警醒的话，那么我再次提醒你，辩论型的孩子最善于在情感上攻击别人，例如"是他干的""都是她的错"或者"你总是向着她"。他们可能不如操纵型的孩子手段那么圆滑，但会像偏头疼一样驱之不散地折磨你，像红了眼的斗牛一样向你发起攻击。

这种孩子似乎天生就有好记性，可以牢记各种案例来支持自己的论点。让我们来看一段典型的对话：

家长：“约翰，四点钟了，你能不能把狗喂了？”

约翰：“不应该轮到我，该伊丽莎白了。我上周四替她喂了仓鼠。”

家长（再次重复）：“约翰，四点钟了，你能不能把狗喂了？”

约翰：“你总是挑我的毛病，这不公平。”

家长：“没有这回事，你马上去喂狗。”

约翰：“你就是！上次你就只带她一个人去看电影，留我在家里写作业。”

家长：“那是因为你的作业积攒得太多了。”

约翰：“你就是爱她多过爱我。你总是这样！”

照这种情形下去，狗肯定会被饿死，因为约翰是绝不会自动把话题转回到他应该完成的任务上去的。

只要有机会，辩论型的孩子便会不遗余力地指责和怪罪他人，直到将之变成一种习惯。你有两种选择：要么对孩子说“我不想听你说这些”，然后走开；要么充满同情地对他们说：“看得出你一定很伤心，所以才说出这些话。过来，让我给你一个拥抱！”

小　结

何谓辩论型：

- 意志坚定。
- 有强烈的是非观和公正意识。
- 喜爱据理力争。
- 能言善辩——语言是他们的强项。

■ 精力过盛。

■ 经常不了解自己的真实感受。

■ 尽管他们能察觉他人对自己的厌恶，但往往对自己的能力和受喜爱的程度缺乏信心。

■ 容易感到“很受伤”。

第五章　你的孩子是竞争型吗？

座右铭：

生命不息，战斗不止。

代表人物：

温斯顿·丘吉尔：成功领导英国赢得第二次世界大战的政治领袖。他是个百折不挠，为取得胜利而不惜一切代价的竞争型的人。

兰斯·阿姆斯特朗：连续七届获得被认为是世界上最具挑战性的环法自行车赛的冠军。

亚历山大大帝：只用了十年时间就只手改变了世界历史。他在带领军队征伐小亚细亚、叙利亚和埃及的过程中居然百战百胜。他拥有过西起希腊，东至印度，北起多瑙河，南至埃及的辽阔版图。

玛蒂娜·纳芙拉蒂洛娃：一代网球名将，她在巅峰时期几乎包揽了温布尔登网球公开赛的单打和双打冠军。

> 我会在厨房和你战争，我会在浴室和你战斗，无论在什么地方我都会和你战斗到底。
>
> ——一位竞争型的人的心声

这种口号是不是让你联想起某个人呢？对了，那就是可爱的丘吉尔先生。欢迎你走进竞争型人的世界！

竞争型孩子的特征和表现

竞争型的人拥有超人的斗志。整个世界都会被他们踩在脚下，更不用说区区一个家庭了。你和孩子之间的战斗会时断时续地持续数年之久，让你感叹：怎么会有人如此不计得失、不惜血本地一直斗争下去？

患有“丘吉尔综合征”的孩子最适合从事销售、政治和法律行业。每一次交流都有可能成为你们斗争的导火索。

竞争型的孩子喜欢夸口，更不能忍受失败。亚军在他们眼中无异于失败者的同义词。战斗一旦打响，这类孩子不但能奋勇冲杀，更是奋不顾身。他们自尊心极强，“宁为玉碎，不为瓦全”是这种人的最佳写照。一味求胜的心理意味着他们完全不会顾及行为的后果。

为什么竞争型的孩子需要帮助

当胜利变成唯一目的的时候，竞争型人的生活也随之变得可怖。即便他们能够赢得整个世界，也无法避免会陷入孤独的境地，再加上他们无论如何不肯表露出来，结果最终内心被恐惧和自卑所吞噬。一个人眼中只有输赢的时候，也正是他最输不起的时候。

> 胜利总是太过短暂，不值得人投入全部的生命去争取，同时错过其他的一切。
>
> ——玛蒂娜·纳芙拉蒂洛娃

竞争型的孩子就像海绵一样总在渴求关注，并赖以为生。作为父母，我们有必要反思一下他们渴求关注的根源，然后努力去消除。

父母对竞争型孩子的教育误区

和竞争型的孩子打交道，最大的风险在于可能会陷入斗争的泥潭之中。其结果毫无例外地会以成年人的失败而告终（你充其量算是获得了他们的顺从、屈服和记恨），同时还相当于印证了竞争型人的错误观点——“胜者为王，败者为寇”。

和竞争型的孩子打仗无异于大国之间的军备竞赛。家长们一定不要陷入这种恶性竞争中去。

竞争型的孩子受管教后的一般反应

这类孩子最讨厌受人指挥，所以逆反心理极强，颜面对他们而言比什么都重要。他们会假装毫不在乎，凡事都会据理力争。即使对自己没有任何好处，他们也不会放弃某些做法，因为对胜利的渴望已经盖过了一切。

怎样教育竞争型的孩子才是明智的

你首先应该明白：后果对于竞争型的孩子来说毫无威慑作用。如果你威胁要剥夺他们外出的自由的话，他们只会更加坚定地瞪着你说："我不在乎，你爱关我多久就关多久，我巴不得永远在自己的房间里待着呢！"如果你扬言要取消他们的零花钱，他们会回答你说他反正也不需要用钱。如果你宣布禁止看电视一个星期，他们会告诉你这周本来就没有任何好看的节目。

我时常听到父母们这样央求家里的竞争型孩子："只要你听话，我就可以放你出房间"或者"只要你答应去喂猫（或者其他任何斗争的焦点），我就可以给你零花钱。"哈！没用的，除非太阳从西边升起。要知道这类孩子的意志无比坚定，即使天塌下来也绝不会动摇。

永远不要当着其他孩子的面和竞争型的孩子发生争执。你注定难逃落败者的下场。事实上，和竞争型的孩子针锋相对，你这辈子都别想占到便宜。我知道这么说有些阴险，但是你一定要充分利用自己的优势来专攻他们的要害。

竞争型的孩子通常会对父母的质疑产生强烈的反弹。因此你最好停止说："我敢打赌你做不到……"这类的话，而是改用第三人称来发起挑战，总之你要尽量摆脱不信任孩子的家长的形象。如果你想让未来的网球明星玛蒂娜去整理衣物并主动完成作业的话，比较明智的措辞是这样的：

“没有几个人会相信你能……”

“没有几个人会相信你这个年纪足够做……”

“没有几个人会相信你有足够的责任感去……”

“大多数父母不会允许你这个年龄的孩子去做……”

随着时间的推移，这种挑战可以演变成对“个人最佳纪录”的追求。不要拿别的孩子和竞争型的孩子去比较，而要把他们进步前和进步后的表现去做比较。例如，你可以这样说：“如果你要为自己骑自行车的水平打分的话，对于一年以前和现在，你分别会给自己打几分呢？”

竞争型孩子的家长们最关心的问题不仅仅是该如何引导孩子，还包括该如何帮助他们接受偶尔的失败。当一个人极度害怕失败的时候，他往往会刻意地回避尝试一切自己不擅长的东西。

家长们经常发现一个矛盾的现象：孩子明明具有强烈的上进心，在学校里却很少尝试新鲜事物。让你们家的小丘吉尔更多地参加新的活动是非常重要的，我们稍后还会进一步探讨这个问题。

一定要警惕孩子说出类似“我语文不好”或者“我数学很烂”这样的结论，因为竞争型的孩子爱把这当作不努力的借口。你要这样对孩子说：“在这个家里不允许贬低他人，也不允许自我贬低。更何况，谁会相信你不行呢？”

享受胜利是竞争型的孩子生来就会做的事情，但遵守游戏规则却不是他们的天赋之一。父母应该尽量让他们参加一些不分胜负的活动，例如即兴表演、看戏剧、玩飞盘、放风筝和健身等等。家长们还要教育孩子如何光明正大地取得胜利，不要自吹自擂。

竞争型的孩子通常很有责任感。因此，根据他们的年龄，适当给予他们一些责任去承担，这会很有助于他们的成长。

小 结

何谓竞争型：

- 自尊心极强。
- 一味求胜。
- 好吹嘘。
- 或许能够赢得世界，却总在渴求关注。
- 和竞争型的人打仗无异于大国之间的军备竞赛。
- 最讨厌受人指挥，所以逆反心理极强，爱面子胜过一切。
- 会假装毫不在乎。
- 即便对自己没有任何好处，他们也不会放弃某些做法，因为对胜利的渴望盖过了一切。

第六章　你的孩子是冒险型吗？

座右铭：

无畏。

代表人物：

斯蒂夫·艾尔文（Steve Irwin）：这位已故的“鳄鱼猎神”是典型的为了寻求刺激可以放弃一切的冒险型的人——他为保护世上最危险的动物做出了杰出的贡献。

哈里·胡迪尼（Harry Houdini）：他每次都用最惊险的方式逃脱，让观赏他魔术表演的人心惊肉跳。他最著名的演出包括被倒挂在一个密闭的装满水的钢铁和玻璃混合制成的箱子里，然后毫发无伤地逃脱出来。

魔鬼尼佛（Evel Knievel）：美国特技演员，以公开表演远距离的高空摩托飞车而闻名。

马可·波罗：14 世纪大无畏的探险者，从欧洲远渡重洋直抵中国，刷新了当时已知世界的边界。

我的一个朋友每年都在当地的农展会上工作，而我只是偶尔才参加一次，但即便如此我还是注意到了一个重复出现的现象：会场的扬声器里不时传出这样的消息："请哈维·布朗和莎莉·博爱斯顿的家长速到失物招领处认领你们的孩子。"

据我的朋友说，每年都是同样几个孩子在失物招领处等待认领。一开始她还以为是他们的父母太不称职，后来她才意识到这几个孩子都是冒险型。他们都是"斯蒂夫·艾尔文俱乐部"的成员，个个精力超人，渴望刺激。事实上，教育这种孩子的难度不亚于从事极限运动。

冒险型孩子的特征和表现

全天下的孩子当中大概有 15% 是胆子极大的——他们既不在乎自己的安全，也不在乎周围人的安全。先不要急着自责，这不是因为你这做家长的教导无方，这完全是由他们的天性决定的。

冒险型的人追求极度亢奋，挑战和刺激是他们的最爱。倘若他们在成年之后去从事那些需要冒险精神的事业的话，一定会大有出息。消防员、救护车医务人员、急救室护士、警察、特技演员和极限运动爱好者都是他们适合从事的职业。

你一眼就能认出这些孩子来，因为他们总是浑身是伤！他们的父母因此也经常能从保险公司那里获得医疗赔偿。

这类孩子通常没有提前做计划的天赋。你基本上不会听到他们当中的某一个对你说："等等，我想快速地尝试一下我能顺着那个栏杆滑出多远。"因为他们的风格都是典型的随性而至——想到就做。因此，突然从家里或者商场里消失，然后披红挂彩地回来，这对他们来说是家常便饭。

他们大多看上去心地善良，仿佛是出于好心，不想让人为自己担忧。而实际情况是，由于他们自己根本不知道什么叫作害怕，所以自然无从想象竟然会有人为此担惊受怕。

一位母亲向我讲述了她和儿子在游乐场的真实故事："那天下午，摩天轮突然停止了转动，所有人都惊恐万分地仰望着高处，只见一个孩子离开了座位，正在半空中打秋千。我越看越觉得那个孩子眼熟……"

为什么冒险型的孩子需要帮助

冒险型的孩子尝试的事情常常让我们这些凡人心惊肉跳。我严重怀疑昔日的那些探险家们，如沃尔特·雷利爵士（Sir Walter Eberhard）、克里斯托弗·哥伦布、伊莎贝尔·埃伯哈特（Isabelle Eberhard）、詹姆斯·库克、达伽马（Vasco da Gama）以及大卫·列文斯通，他们身体里八成都流淌着冒险型的血液，所以才勇于踏上无人之地。

身为这类孩子的父母，你时常对他们的幸存充满了惊讶和忧虑，同时还必须尽快对其他父母投射过来的批评的目光产生免疫能力。

冒险型的孩子需要有人教他们尽可能地远离危险，因为他们自己不擅长估量风险，也不懂得适时放弃。必须有成年人适时地制止他们说："你想都别想去爬那棵树，给我原地老实待着。"

父母对冒险型孩子的教育误区

面对这类孩子的冒险行为，焦虑和暴怒是家长们最常有的情绪。这主要是由于他们经常受到冒险型的孩子过度的惊吓。一位父亲告诉我他在医院待的时间比上班的时间还要多，然后转身对他的儿子说：“瞧瞧，我们又来看医生了，这全都是因为你想知道在跳板上做三连翻会怎样！”

不要以为只有男孩子才会冒险，女孩子也不例外。只不过除了运动方面的冒险之外，还有可能是社交生活方面的。

想要在这样的孩子头上撑起一把保护伞是父母下意识的反应。但遗憾的是，那样做的后果将是灾难性的。冒险型的孩子必须先有机会体验人生，才有可能学会下次如何做出更明智的决定。当然，他们身边少不了会有战战兢兢的父母想要尽量避免发生灾难性的后果，但父母必须先允许他们承担一定的风险。

冒险型的孩子受管教后的一般反应

冒险型事后最通常的反应是发自内心的困惑和不解，反问你：“有什么好担心的呢？”冒险型的人都是天生的乐观主义者——太过乐观，以至于高估了自己的能力：

> “没问题，我当然可以从那么高的墙上跳下来仍然平安无事。”
> “小意思，我一个人晚上走回家不会有事的。”
> “下次我就知道该在落地的时候打个滚。”

怎样教育冒险型的孩子才是明智的

想让这类孩子自动放弃冒险是不可能的事情，因此你只能尽量寻找一些安全的冒险活动来满足他们的冒险欲望——露营、越野赛、蹦极、电子游戏、彩弹游戏以及其他类型的极限运动或者角色扮演游戏。

即便是从事这些积极的冒险游戏，也务必要牢记一条忠告：准备好充足的医疗保险！

给冒险型的孩子创造一个平静的环境是第一要务。这类孩子也有安静下来的时候，但前提必须是在周围很安静的情况下。本书第十三章中介绍的关于调节情绪的内容尤其适用于冒险型的孩子。父母可以借用灯光、音乐、活动和食物来影响孩子的心情。

一旦你和冒险型的孩子之间发生了矛盾，务必要在解决问题之前把围观的同龄孩子清场，因为冒险型的孩子是出了名的嘴硬、固执和难缠。你最好先要求“借一步说话”，然后把他们带到没人的地方，这绝对好过当众和他们硬碰硬，导致自己下不来台。

冒险型的孩子对刺激的狂热意味着他们做不到冷静地思前想后。很多冒险型的孩子都分不清事情的主次，因此我们有必要在他们做计划的时候，通过提问的方式来帮助他们理清做事情的正确顺序：

“你该先做什么呢？”

“然后呢？”

“再然后呢？”

督促他们一步一步地说给你听，这可能感觉像在拔牙，但会在一定程度上有助于他们为风险做准备。放松、设想、预测和提高注意力的练习可以训练他们做事更用心。

另外，设计一套简单明了的非语言暗号也是大有用处的。例如这样跟他事先说好：“如果你听到这种口哨声的话，就说明我需要你立刻回到我身边来。”或者“如果你看到我在岸边将一只手臂高举过头的话，那就说明你游得太远了。”

“如果我转得足够快的话，我和猫咪是否能飞向太空呢？”

诺博先生的儿子在学校里绰号叫“飞人雷欧”。他俨然已经成为传奇人物，不但在就读的学校里闻名遐迩，连周边地区的孩子都听说过他的大名。据传说，他曾不止一次在学校的屋顶之间飞檐走壁。雷欧确实曾上演过一次飞跃的特技，但实际距离非常短。

等到这一传说在所有谣言的集散地都传遍之后，雷欧已经成了大家心目中的奥运会跳远选手。更糟糕的是，连他自己都开始认为这是真的了。

诺博先生对此十分担忧，他对我说：“我们害怕极了，如果雷欧哪天迫于压力真的跳了的话，他肯定会摔成重伤的。”

当天晚上，我们和雷欧谈了一次话，告诉他，想要成为优秀的运动员，必须先经过正规的训练。我们还带他观看了跳远的训练，并且要求他承诺：在做出任何飞跃之前，至少要提前24小时告知父母。这是为了让家长可以提前做好准备，用其他活动来转移他的注意力。

小　结

何谓冒险型：

- 追求极度兴奋，挑战和刺激是他们的最爱。
- 总是浑身是伤。
- 通常没有提前计划事情的天赋。
- 经常突然从家里或商场里消失。
- 大多心地善良。
- 尝试的事情常常让我们这些凡人心惊肉跳。
- 不擅长估量风险。
- 不懂得放弃。
- 太过乐观以至于高估了自己的能力。

第七章　你的孩子是消极型吗？

座右铭：

问题？什么问题？

代表人物：

圣雄甘地：带领印度人民摆脱了英国的统治，他把无所事事上升为一门艺术，发明了非暴力不合作运动。他还在其政治生涯中创建了一种名为 Satyagraha（译为“真理之路”）的非暴力反抗方式。

昂山素季：一位历经苦难的缅甸民主领袖兼著名的良心囚犯，因其用非暴力的方式来和独裁政府的压迫做斗争而被授予诺贝尔和平奖。

消极型孩子的特征和表现

消极型的孩子通常给人感觉性格模糊、举止神秘而且做事缺乏条理。他们当中有些人无论做什么事情都是慢吞吞的，让人联想起儿童科幻电视剧《雷鸟》（*The Thunderbirds*）中的角色。

每次你问消极型的孩子某些问题，他们都会一脸茫然地看着你。如果你问他们："为什么你没交作业？"他们会回答说："作业？什么作业？没人告诉我有什么作业啊。"

消极型的孩子总是一副气定神闲的模样；而他们的父母却总是因为不明状况而看起来气急败坏。最近有一个已经长大的消极型的孩子在回顾自己童年的时候做出了下面这番评论："我的童年时光是非常快乐的，但我的父母却差点疯掉。"

其实有些消极型的孩子非常聪明和敏锐。他们逃避尝试只是因为害怕失败。他们和冒险型的孩子的一个相似之处就在于——都不太在乎后果。

这类孩子几乎生来就懂得装傻扮可怜，惯用的手段包括从不主动、老爱低着头、得过且过。他们讨厌打破常规，往往游离在主流生活的边缘。

越来越多的家长抱怨，十几岁和二十几岁的孩子生活态度消极，常常逃避挑战，这实在让人忧虑。尤其在那些单亲家庭里，这样的孩子更为常见。

消极型的孩子表面上看起来波澜不惊，仿佛任何事情都打动不了他们。他们常常一副局外人的模样，轻易不会表露内心的想法和感受。周围发生的任何事情好像都和他们没有关系。他们经常丢失物品或者心不在焉。想要调动他们的积极性非常困难。

如果你的孩子有这类表现，那么恭喜你，获得了一个潜力巨大的孩子。

那些因为孩子的消极态度而一会儿困惑、一会儿愤怒的家长们最终很可能会沦落到恳求孩子的地步："求求你，告诉我到底发生了什么事情。"

当沟通艰难到了这种地步的时候，你或许需要顽童教育专家的帮助！

为什么消极型的孩子需要帮助

消极型的孩子非常善于置身事外，会一连几个小时窝在房间里看书或者玩电子游戏，总之尽可能地回避与人交流。不过，喜欢独处是一回事，自我封闭是另外一回事。

有时候我们很难把握究竟该为这类孩子操多少心，这主要是因为我们无法通过交谈获知他们的真实想法。

以下是一段典型的对话：

父母："你今天过得好吗？"

孩子："还行。"（或者"不错。"）

家长："有什么特别的事情发生吗？"

孩子："没有。"

家长："晚饭想吃什么？"

孩子："随便。"

说到这里，大多数精神正常的父母都会忍不住咬牙切齿！他们深知孩子长大之后想要在社会上立足的话，必须要学会和他人交往和沟通。

父母对消极型孩子的教育误区

消极型孩子的父母最容易犯的错误就是试图鼓舞孩子的士气或者调动他们的兴趣。另一个普遍的误区则是经常低声下气地乞求孩子："告诉我你在想什么吧！"

每当父母在探究孩子的思想和激励他们向上方面遭到挫折之后，结果反而是比原来更加担心，从而引发焦虑和愤怒的恶性循环。

消极型的孩子受管教后的反应

消极型孩子的处世哲学是"多一事不如少一事"，所以他们对大多数事情都反应平淡或者缺乏兴致。你能期待获得的回应通常都是类似“什么”“不知道”“好像吧”或者“随便”这样的敷衍之词。

怎样教育消极型才是明智的

如果你的孩子兼有以上这些特点的话，是时候让他们重新过上情感丰富的正常生活了。有几件事情你要避免：

- 喊叫、追问、哀求或者寄希望于孩子良心发现。
- 试图充当孩子的情感激励导师。
- 当孩子对你的提问毫无反应时自问自答。

正如我们之前说过的，有些消极型的孩子其实非常聪明和敏感，并且具有强烈的道德观念，因此很值得推荐的一种教育方式就是让孩子去承担更多的责任。

很多孩子都会经历这样一个阶段，在这段时期里他们更希望“变小”而不是“长大”。处于这种心态下的孩子会重新拿起多年不玩的玩具。这可能会引发父母的担忧，以为孩子遭受了什么重大的打击。其实多数时候不存在什么特别的原因，孩子们只不过是想通过儿时的玩具来重温童年的记忆而已。

很多消极型的孩子都具有类似这种倒退的倾向。他们喜欢躲藏在自我的世界里。家长们总在试图通过规劝和诱导的方式来让孩子改变这种习惯，然而基本上不会有什么效果。

家长们倒不如拿出几个月的时间来进行感情方面的培养。在这段时间里，尽量保持冷静。对孩子直截了当地表达意见，同时保持眼神的直接交流。不要把耸肩这样的肢体语言接受为孩子对你的回答——另外“不知道”

也不算是像样的回答。一方面你要尽量避免向孩子施加压力，另一方面则要增加你和孩子相处的时间。你一定要让孩子清楚地知道，回避和家人的交流是绝对不允许的行为。

消极型的孩子通常很会照顾宠物和弟弟妹妹，所以不妨让他们通过照顾他人来获得自信和锻炼。

秦太太的女儿总爱把自己关在房间里。秦太太说："感觉好像她在罢工似的。一开始，我们就由着她去了，因为她说自己很累，作业也很多。我担心她压力过大或者情绪低落，她却叫我不用操心。终于有一天我忍无可忍，命令她必须下楼吃饭，结果遭到了她的拒绝。几次之后我简直气疯了，威胁她说如果她不下楼来吃饭，我们就都上楼去。结果一连三周我们全家人都在她的卧室里吃晚餐，而且逐渐地，我们故意把用过的餐具留在她的房间里。终于她再也受不了，投降了。现在我们至少能在晚饭的时候见到她了。下一步我们打算迫使她开口和我们说话！"

小　结

何谓消极型：

- 神秘且不轻易表露内心的想法和感受。
- 周围发生的事情好像都和他们没有关系。
- 经常丢失物品或者表现得心不在焉。
- 想要调动他们的积极性很困难。
- 自我封闭。
- 会一连几个小时窝在房间里读书并尽可能地回避与人交流。

■ 很难通过交谈去了解他们到底在想些什么。

■ 处世哲学是“多一事不如少一事”。

■ 往往反应平淡，缺乏兴致——你能得到的反应通常是类似“什么？”“不知道”“好像”或者“随便”这样的敷衍之辞。

天哪！我的孩子兼有各类顽童的特点！

如果你认为自己的孩子既有基辛格的外交手腕，又有巴特·辛普森的伶牙俐齿；既能像撒切尔夫人一般自信，又能像丘吉尔一样斗志昂扬；时而有战天斗地的勇气，时而又如甘地般消极顽抗……你千万不要感到绝望，因为很多顽童都是这样身兼多种特征的。

很多父母都表示需要花上一段时间才能够摸清孩子的特点。确认孩子的类型会有助于父母弥补其性格上的不足，并帮助他们拓展与人交往的方式。

总而言之，辨认孩子的类型固然重要，但更重要的是父母应该转变放任的观念，去因势利导。当然，你也要做好曲折前进的心理准备。

第二部分

从顽童到天才：成长的四个阶段

在养育顽童的麻辣生活中，父母容易迷失于每天的争吵和斗争当中，从而丧失了对远景的把握，导致他们看不到希望，甚至开始怀疑自己是不称职的父母。本书的第二部分将着重介绍顽童在成长中所经历的主要阶段。一旦家长了解了整个过程，就会更清楚地知道应该有怎样的预期。

第八章　从幼儿时期到学龄前阶段：孩子一生的归属感从这里开始

父母的骨头就是给孩子磨牙用的。

——彼得·乌斯蒂诺夫（Peter Ustinov），《亲爱的我》（*Dear me*）

美国喜剧演员罗宾·威廉姆斯曾说过："养育婴儿和吸食海洛因的感觉差不多，都让人夜不能寐、疑神疑鬼而且浑身恶臭。"

养育之路绝非康庄大道。大多数顽童的父母最想知道的事情之一就是：怎样算是正常的？本章节就是要为家长们提供一个参考标准。

在回答这个问题之前，家长们必须先明确一点，那就是每个孩子都有自己的发育进度。当你们家的宝贝连把安抚奶嘴的哪一头放进嘴里都还没搞清楚的时候，邻居家的小公主已经读完了整部《战争与和平》并开始创作《哈姆雷特》的续集了，这种差距难免会让你着急上火。但无论如何不要计较孩童之间的差异，他们自有其发育的节奏，最先发育的孩子并不总是最聪明或者最有出息的。

请跟我重复一遍：最先发育的孩子并不总是最聪明或者最有出息的。

记得曾有人智慧地指出，如果你把人生当作赛马，那么无论是输是赢，你都至少是一匹马。

幼儿时期：大脑最繁忙的阶段

我们在最近几年里对人类学习和发育方面的认知远超过了过去五十年的总和。这一飞跃主要得益于正电子发射型计算机断层显像技术（PET）的普及。

位于我们大脑中的那一块重约1.5公斤的灰色物质是人类迄今为止所见过的最复杂、最具有适应性和生命力的东西。童年时期正是它最活跃的阶段。

思维发育的过程不是一条笔直的线。最新的研究证实了研究儿童大脑发育的两位祖师级人物皮亚杰和蒙台梭利所创建的理论：儿童大脑的发育过程呈阶梯状，在每一次飞跃之前都会先经历一个停滞阶段。这种规律被皮亚杰称作“积累”和“适应”，被蒙台梭利称作“学习的循环”。

大脑发育的过程中不时会出现过度生长和繁荣的阶段，在此期间，幼儿对新知识具有极高的接受能力，能更快地掌握技能。从幼儿时期一直到青春期，大脑发育都遵循这一规律——先暂时过度地生长，然后再让多余的部分消亡。大脑真是一个无比精妙的构造，正是这种过度的生长才使得我们具备了选择、提高和擅长的能力。

如果把各个发育阶段里的社会技能做成一张表格的话，我们将会看到一个简略的日程表，父母们可以由此对各个阶段的首要特点一目了然。

发育时间表		
年龄	发生的变化	
出生	对事物之间的差异感到好奇，尤其对面孔、带尖角和条纹形状的东西感兴趣。	游戏是他们体验世界的方式。

当然除了性别上的差异之外，还存在个体之间的差异，但总而言之，这样的时间表还是有助于父母了解不同发育时期的特定行为和认知特点。

儿童的大脑要比成年人的更繁忙，也更聪明。从出生那一刻起，大脑就在忙于建立神经连接。每个新生儿的单个脑细胞或者神经元内都含有2500个叫作神经元突触的连接点，这个数目在出生之后飞速增长，到两三岁的时候已经高达15000个。学龄前儿童的大脑较成年人更加活跃、敏锐，也更灵活。我们几乎可以这样讲，三岁是人一生当中最聪明、最灵活以及最有适应性的时期。

三岁之前的孩子就如同一块吸收知识的海绵。只要有足够的时间、细心的照料和适当丰富的生活环境，他们就能够不停地学习。孩子无时无刻不在观察着周边的环境，尤其着迷于事物之间的差异——事实上，他们正是通过比较才得以学习——这种认知方式将贯穿我们的一生。

这就意味着，从出生开始，我们就对所生存的社会环境充满好奇：我们感受着差异，关注着情感上的变化，分析着事件之间的相互关系，想要弄明白事情发生的原因，并把新学到的知识应用于新的环境。

我们生来就具备观察和适应新环境的本能。这意味着孩童的学习能力其实远远超过成年人。

我们成年之后的归属感和安全感其实是在童年时期奠定的。我们对世界的基本认识——这是一个安全友善的地方还是一个危机四伏的丛林——都是在幼儿时期形成的。

发育时间表		
年龄	**发生的变化**	
出生到一岁	在孩子难过的时候给予安慰会让他们感受到世界的友善。	大脑神经快速发育。

当今世界不乏权力集中的地点——五角大楼、圣地麦加、梵蒂冈、克里姆林宫等等，但其实对个人来说，最具有影响力的地方莫过于他的家庭。家庭是对每个人的存在来说最重要的社会结构，它赋予我们的观念将影响到我们的一生。

如果你的孩子性格暴躁、冷漠或者忧郁的话，不要灰心失望。这并不意味着他会一直把世界视为一个差劲的地方，而是意味着你要多付出一些努力帮助他用更积极的态度面对生活。

发育时间表		
年龄	发生的变化	
一岁到二岁	父母把语言教授给孩子。	开始喜欢独自玩耍。

学龄前阶段：突然停下脚步，开始问为什么

在三岁到四岁之间，一个重要的变化将会发生，一切都将随之改变。四岁的孩子似乎突然间停止了发育的脚步，充满疑惑地环顾四周，然后质疑道：“为什么呢？”

有人估算，一个四岁的孩子平均每两分半钟就问一个“为什么”。这之前下意识就能学会的行为突然间需要刻意去完成了。

在这个随心所欲的阶段，孩子开始学习分享、培养耐心、自我安定和控制冲动。在这期间没能掌握这些技能的孩子可以在后来学会，但会更加困难。

我们都遇到过那些直到成年也没学会抑制冲动的人。他们虽然身为我们的朋友，却会毫不犹豫地破坏各种社交场合的气氛，完全不顾及他人的感受，之后还拒绝承担任何责任。总之，就是那种显然患有“谁在我的裤

子里尿尿了”的泼皮症的成年人。

发育时间表		
年龄	发生的变化	
三岁	语言技能快速提升。 自认为是地球的中心（自我中心倾向）。	开始发展精细或者粗大运动机能。
四岁	没完没了地问“为什么”。 幻想能力得到发展——想象力和恐惧感同时出现，包括做噩梦。	学习控制冲动（自我安定技能）。

在这个阶段，孩子通常自认为是世界的主宰者。这意味着，他们会误以为自己要对一些其实完全不受他们控制的事情负责（例如父母的怒气、家庭收入的下降以及宠物的生病）。父母有必要拿出足够的时间和精力来向孩子解释这类事情发生的真正原因。

这种“世界主宰者”的心理同时还导致了孩子比以前更会耍脾气。其实一个三四岁孩子把父母踩在脚下并没有什么好处，除了能证明他耍脾气的本领大过父母之外，也意味着身边没有强有力的人来保护他。作为父母，你绝不能在每次孩子一闹时就举手投降，更不能没原则地满足孩子的一切愿望。

在这个阶段，对男孩子和女孩子的培养要各有侧重。男孩子需要提高精细运动的技能。盖房子游戏、乐高积木和需要转动和拆分的玩具会有助于男孩子在未来掌握写字的能力。由于“是打还是跑”的思想冲动在男孩身上体现得更为明显（详见第十一章），他们尤其需要学会控制怒气和一不如意就想逃避的倾向。父母要对孩子的这类行为表现出更多的理解和同情。

女孩子则需要有人帮助她们发展粗大运动机能来协调肌肉的发育。活动量较大的游戏例如投掷和接球运动都很有好处，还有扭扭乐和音乐椅游戏也很合适。允许女孩子在玩耍的时候把衣服弄脏也大有好处。在幼儿时期就表现出过度的淑女气质的孩子容易在成年以后变成完美主义者。

小　结

- 最先发育的孩子并不总是最聪明或者最有出息的。
- 儿童的学习方式主要有两种：一是模仿，一是观察和分析差异。
- 我们一生的归属感和安全感都是在幼年形成的。

第九章 一到三年级：开始适应学校并学会交友

教育五岁的孩子最大的危险莫过于你自己也会很快变得和他们一样不讲理。

——吉恩·凯尔（Jean Kerr）

小学初期：多给消极型的孩子一些鼓励

大概在六岁左右，大脑将迎来发育的第二个高峰期，这时孩子开始逐步掌握日益复杂的语言。在四到八岁之间大脑重量则会逐渐达到成年后的90%。

在这个阶段，让孩子学会抑制攻击性非常重要。每年入学的新生当中都不乏存在情感依赖或者具有攻击性等问题的孩子。这些孩子的问题不但不会随着他们年龄的增长而有所改善，反而会越来越糟——甚至可能发展到难以收拾的地步。在这个年纪存在这些问题的女孩子从长远上会比男孩子隐患更大。因此，我们务必要教育孩子不要轻易发怒，即使在生气的时候也要尽量避免做出不适当的反应。

小学初期是孩子开始形成交际圈子的阶段。此时的友谊并不总是建立在相似性格的基础上的，但这不意味着孩子之间的情感缺乏忠诚和深度。一旦他们认准了一个“最要好的朋友”，就有可能会因为这个人的搬走或者彼此友谊的破裂而深感伤心。因此要尽可能让孩子多交几个不同类型的朋友，同时仍要确保他和家人的亲密关系。

消极型孩子的逃避

不适应学校生活的消极型孩子有可能会表现出分离焦虑和极度沉默。尽早发现这类苗头，以便和老师商量对策，尽可能让孩子多参加各类活动来增加他们的成就感。

发育时间表		
年龄	发生的变化	
五岁到六岁	个体发育水平存在很大的差异。	道德观念还在形成中——有可能会说非常离谱的谎话。

焦虑和担忧都有可能影响到孩子的生活。对于日渐独立的孩子来说，同时到来的还有对危险、受伤和死亡的忧虑。他们甚至会恐惧上学。

很多顽童在这段时期都认为自己不适合上学，并因此表示："我不擅长……"，或者"我做不好……"。自信心的缺乏有可能导致孩子彻底放弃，因此，在这个阶段，鼓励孩子的信心非常重要。

想要在没有人爱你的时候去爱自己是非常困难的一件事。一个人在童年时期获得的爱和鼓励会在其心灵上留下如指纹一般独特的痕迹。它会决定我们看待生存和死亡的态度。对很多人来说，有没有人爱你在本应合家团聚的时候最为明显，例如圣诞节、生日派对或者复活节这样的节日。矛盾和失望也因此最容易发生在这些象征家庭和睦与温馨的日子里。我们看待重大节庆的态度很能说明我们的家庭状况。

小学中期：对谈判型和操纵型的孩子多些耐心

童年中期又被称为“潜伏期”。此时，所有事情都初步定型并稳定下来。理论上讲，这是青春期飓风来临之前的宁静。很多青春期孩子的家长都无限怀念那个七八岁时的快乐的小家伙。

这段时期里最有趣的现象就是，家长和孩子一起迈入了所谓的“你不再是我的朋友”阶段。孩子开始在人际关系上行使自己的意愿，同时很多父母被孩子无数次地告知自己有多讨厌。一个妈妈甚至发明了一个“讨厌记录表”用来记录每日孩子讨厌自己的次数——最高纪录达到 87 次之多！我们不妨这样来看待这种反感——权当是为日后更加艰苦的恶战磨厚脸皮了。如果孩子下次又声称讨厌你的话，你可以这样回答：“你想怎样讨厌我都行，我还是会一如既往地爱你。”

谈判型警报！

小学初期（三年级到四年级）正是很多谈判型的孩子放弃为好成绩而努力，转而去做班上的“开心果”的阶段。父母应该经常给孩子读书来激励他们努力学习，或者陪着孩子一起做游戏，并注意观察他们的兴趣所在。

发育时间表		
年龄	发生的变化	
七岁到八岁	会留意别人说的话。 知道正确和错误之间的不同。	会表达观点。 想要解决问题。 会发挥想象力。

有时候顽童的叛逆心理很强，倘若你不满足他们的要求的话，他们可能会以死相威胁。如果你听到孩子在气头上对你说："我不想活了"或者"我又没让你生我"，要引起足够的重视。尽管多数时候这种情绪低落只是出于叛逆，而不是真的抑郁，我们还是要密切关注孩子抑郁的苗头。不管怎样，我们都不希望孩子养成利用自我伤害来达到目的的坏习惯。你可以对孩子说："我能看出你非常生气，但我不会允许你伤害自己。"

这种时候家长最应该重申家里的惯例和对孩子的要求。为了保证家庭关系的和谐，父母有必要拿出时间来平静地向孩子解释惯例的内容。尽管孩子很可能会对某些规定发出挑战，但你要坚持冷静地执行惯例，同时让孩子清楚地知道他们在家庭生活中的地位和责任。

父母严格要求孩子并对他们寄予厚望，同时鼓励他们积极为家庭做贡献，这些都是提高孩子抗压能力的良好方式。和孩子一起去"寻宝"——挖掘并激发他们的特长和潜能——会有助于他们建立自信。

帮助男孩子把想法用语言表达出来是这个阶段教育的重点。和男孩子说话的时候，不允许他们只用单音节或者原始人一般的嘀咕声来替代正常的回答，这会帮助他们在日后成为良好的沟通者。

讲故事或者播放有声书（或者任何没有图画的书）给男孩子听，可以激发他们想象场景，同时提高他们的语言表达能力。注意，我绝不是建议家长们放弃使用图画书。

同样是在这个阶段，要注意培养女孩子对数字的自信心。可以通过使用货币来提高数学能力——计算找钱、应付数额等等。无论是男孩还是女孩都需要加强专注的能力。想要在学业上获得成功必须具备三大技能——专注、分清主次和良好的记忆力，这些都可以在父母的帮助下得到提高。最好的方式就是和孩子一起玩游戏，例如玩纸牌游戏、下棋、玩多米诺骨牌和制作战舰模型。

操纵型警报!

操纵型的孩子有可能在这个阶段发展成为完美主义者或者欺凌弱者的人。他们可能会因为不够自信而不敢尝试某些事情，而且他们喜欢争强好胜。有必要经常向他们强调重在参与。

发育时间表		
年龄	发生的变化	
九岁到十岁	部分顽童开始从幼儿向青春期转变。 兴趣经常发生变化。 部分孩子开始体验到愿望不能马上得到满足的感受。	社交圈子开始形成——男孩和女孩开始分开游戏。 孩子之间的友谊开始发生变化，欺凌行为也日益普遍。

这一阶段的重点：培养交友能力

欺凌行为通常是在小学二年级或者八岁左右开始增多，因为在这一时期，孩子之间为了确立自己在交际圈中的地位而相互竞争。一直到十三岁之前，这都将是一种普遍现象。因此，父母应当尽量帮助孩子广泛结交朋友，最好在校内、校外拥有不同的圈子。培养孩子的交友能力不但有助于他融入同龄人中，还能为他将来的职业生涯和感情生活奠定良好的基础。

很多顽童都不太善于交际，因此在这方面更需要大量的帮助。对顽童来说，必须掌握的技能大致包括：

懂得考虑别人的感受以及自己的行为对他人的影响。父母可以启发孩子去设想别人的感受，鼓励他们助人为乐。这会培养孩子的同情心和怜悯心。相关内容还可参见第二十一章。

了解自身的感受。顽童往往重视行为胜过情感，而且大多不擅长辨别自己的情感。父母可以在这方面多做引导。

具有广泛的兴趣爱好。这样可以让他们结识各类朋友。

懂得他人的成功并不会构成对自己的威胁。家长可以鼓励他们通过与他人合作和参与团队活动来学会控制自己的竞争欲望。

小　结

■ 童年的早、中期是培养孩子社会交往能力的重要阶段，广泛交友非常有好处。

■ 不要让厌学成为一种常态。

■ 确保顽童们在这个阶段参与多种形式的课外活动。

第十章　四到六年级：孩子眼里的“男半球”和“女半球”

孩子喜欢违抗命令的感觉，父母就是为了满足他们的这个目的而存在。

——美国著名诗人欧根·那许（Ogden Nash）

九岁或十岁之前，儿童大脑的活跃程度还依旧是成年人的两倍。对于九岁的孩子来说，与同龄人的关系重于一切。在这个时期，孩子的大脑正在为迈入青春期做准备。少年时期神经系统应该发生的变化其实早在孩子进入中学之前就已经开始了——对于这一点，任何一个小学老师都会用痛苦的眼神表示认同。

尽管成年人常常用郁闷的态度去看待这段青春期的序曲，对于某些青少年来说却不失为一件好事。早熟的孩子在智商测试中获得的分数通常稍高于晚熟一些的同龄人，这种微小的优势似乎能一直保持到成年之后。

在这个阶段，大脑的发育速度逐步放缓。一个八九岁孩子的大脑以高于成人一倍的速度在运转；而从八岁到十八岁，大脑将逐步减速到和成年人保持一致。

与此同时，世界在孩子眼中日益被简化成两个半球——“男半球”和“女半球”。记得当我还是个小孩子的时候，所有男孩子都在树屋里玩，或者去踢球、玩弹珠；女孩子则喜欢一边跳皮筋，一边口中念念有词。

性别分界在这个阶段非常清晰。当孩子刚刚自以为弄明白了潜在的规则——男孩子必须待在树屋里，女孩子必须去跳皮筋，两个半球必须互不侵犯——的时候，青春期就伴随着无处不在的“男孩（女孩）禁止入内”的标识降临了，一切将从此改变。

以下是一些给家长们的建议：

要在家里营造和谐气氛。

杜绝具有攻击性的行为。

严格要求孩子的同时也要充分信任他们。

控制碳水化合物的摄入。

扩大孩子的交际圈。

鼓励顽童养成和他人合作的习惯。

通过提早消除矛盾发生的根源或者迅速解决冲突的方式，防止孩子陷入愤怒和攻击的恶性循环中去。

辩论型警报！

辩论型的孩子能够让家庭变得跟国际法庭一般，因此父母要尽量确保公正，照章办事。

发育时间表		
年龄	**发生的变化**	
十一岁到十二岁	身体发育速度成为影响交友的一个因素。 自尊心很强。	发育迟缓的男孩和发育过快的女孩都会遇到麻烦。

童年的后期和青少年的早期是一段忧伤和失落的时期。在此之前孩子从未体会过这种孤独的感觉。孤独感主要源于这个时期里的孩子对归属感产生的困惑，而困惑则是因为一个崭新的自我正在从孩子的躯壳中破茧而出。

这种心理上的悸动某种程度上是由于自我认识的开始形成导致的——关于“我究竟是谁”的思考。无论男孩还是女孩，都面临着早熟带来的压力，而压力主要集中在规划人生方面——关于怎样才能实现自我。这种生活节奏的突然加速让人措手不及，对大多数青少年来说，人生是有待解决的麻烦，而并非等待破解的奥秘。父母的任务则是要保护孩子的童年，确保他们不会过早地被成年世界里的压力、诱惑和经历所伤害。

小　结

- 顽童有可能会在小学的后半段突然步入青春期。
- 由于顽童总是想抢先尝试各类事情，父母有必要密切关注他们这段时期的表现。
- 父母的监督能减少不符合他们此时年龄的一些行为的出现。

第十一章　青春期是个谜：青少年不是年轻一些的成年人

> 早在世上还只有该隐和亚伯两个年轻人的时候，其中一个就已经成了少年犯。
>
> ——阿伯丁爵士（Lord Aberdeen）

青春期对于很多成年人来说依然是个谜——尤其在家长看来。这个阶段将发生人生的三大转变：

1. 开始具备生育能力。

2. 自我意识基本确立。

3. 理智、逻辑和推理能力开始形成。

不过我个人通过观察认为，逻辑思维的形成在该阶段还不是一个普遍现象，有些人可能要到临近三十岁才具备这种能力。

自古以来，有数不尽的成功人士都曾经是让人头疼的问题儿童，这一点我们经常可以从他们的在校记录中略知一二。例如：英国著名喜剧演员斯蒂芬·弗莱在二十世纪七十年代初期曾收到过一份出自校长的评语："他身上带有众多非常狰狞的缺点，在刚刚过去的这个学期里，我们显然体验到了它们的可怖程度。"同样是演员的诺曼·维斯顿（Norman Wisdom）也曾被老师评价为："这孩子从头到脚每一寸都是愚蠢的，所幸他身材不高。"

让我们先大体浏览一下一个正常的青春期孩子的大脑和思维吧！那里的确是一个危机四伏的区域。我们很有可能会不时地被性幻想所吓倒，或者遭遇连最与世隔绝的隐士都无法理解的对隐私的极端定义，甚至随时有可能被潜伏在某个未知角落里的情绪的钟摆给搞晕。

尽管如此，还是让我们先来认识一下这些主要的变化吧！

突触修剪活跃期："不用就废掉"

我们有必要先了解青春期发育和认知背后的生理基础。最近我刚刚和一群初三的男孩子进行了一场座谈，席间我从他们口中获得的回答基本上都是"什么？""不知道""嗯""可能吧""好像""随便啦！"等等。

从十岁开始到青春期结束，大脑会无情地摧毁那些多余的神经连接，只保留被经验证明有用的部分。这里体现的原则是"不用就废掉"——它贯穿了整个青春期。"突触修剪"会持续我们一生的时间，但要属青春期最为活跃。大脑会优先发育那些最常使用的神经连接，同时逐渐把不被使用的部分切断。一个刚步入青春期的孩子的大脑皮质中，每秒钟有高达30000个突触被消灭，直到只剩下青春期前的一半数目。所有这些变化都是在为孩子培养某种特长做准备。这就是为什么我们在孩子九岁和十八岁之间对他们进行的教育如此关键的原因。

<table>
<tr><th colspan="3">发育时间表</th></tr>
<tr><th>年龄</th><th colspan="2">发生的变化</th></tr>
<tr><td>十三岁到十四岁</td><td>女孩们会被分解成众多小团体。
对性别敏感。
看重自己在同龄人中的受欢迎程度。</td><td>喜欢与众不同。
以自我为中心。
对父母既依赖又看重个人隐私。</td></tr>
</table>

美国认知心理学家杰里米·布鲁纳（Jerome Bruner）认为，人类依赖父母的抚养的时间如此之长是因为我们需要认识所生活的社会环境，而人类之所以能够独立生存下来又是因为我们能够学会适应各种环境、具备思考的能力而且具有很强的可塑性。

发育时间表		
年龄	发生的变化	
十五岁	情感驱动大多数的决定。	愿意冒险去博得同龄人的尊重。

大脑在这个阶段正在为了变得更加聪明和有效而经历着重组。我们应该利用这个特殊时期来引导年轻人养成良好的思考和学习的习惯。这样做等于是为他们未来的成功设定了轨道。

大脑额叶的重组期："关闭、维修中"

青春期大脑的另一个变化发生在大脑额叶——这里掌管着人类计划、考虑、抑制冲动和做出明智决定的能力，换句话说，它能决定我们是否会成为善良、包容和有爱心的人。然而，这样一个关键的器官却是最晚成熟的部位，也许我们应该在绝大多数青少年的大脑额叶上悬挂一个"关闭、维修中"的警示标识。大脑额叶此时正在为成年生活做准备。

如果你还无法理解大脑额叶的重要程度的话，让我这样说吧，它是让我们区别于禽兽的文明之源。据苏珊 · 格林菲尔德估算，人类从进化之初到现在，大脑额叶至少增大了 29%。与此同时，大猩猩只增加了 17%，而猫只增加了 3%。

由此你就应该能够理解为什么不能放纵饥饿中的猫在家里乱跑，同样道理，你也应该对人类的祖先心怀同情，他们不但要容忍身边那些永远冲动和长不大的年轻人，同时还要想方设法培育出进化的优良品种来！我希望你能为此怀有感恩之心。

发育时间表		
年龄	**发生的变化**	
十六岁	接受了自己的男性或者女性的生理特征和社会角色。 能更加和睦地和同龄人相处。 更加独立。	会在学校遇到集体生活的挑战。 顽童往往过着一种双重生活：在外是人见人爱，在家是人见人怕。

总而言之，青春期阶段的大脑额叶基本上暂时停止运作。这意味着青少年的大脑随时处于斗争、激动、逃避和陷入爱情的状态，而几乎丧失了计划、自控和预见的能力。个别父母忽略了这一点。他们虽然不至于糊涂到允许孩子自由支取家里的全部积蓄，但会不假思索地把孩子单独留在一个装满豪华家具的价值三十万元的房子里，不加看管，等到出了事情还感到惊讶不已！

父母应该暂时充当孩子的大脑额叶。指望青少年去思前想后，无异于让一个刚会走路的孩子学物理。过早地给孩子过多的自由常常会害了他们。

处于青春期早期的孩子还远没有达到成熟。一个青少年在三四年间会增加 20 公斤的体重，长高将近半米。我想成人们都知道和一屋子的少年待在一起是怎样一种拥挤的感觉，放眼望去到处都是伸展不开的四肢和满脸的青春痘。正如他们还有待生长的身材一样，他们的心理也尚未成熟。

这个时期的青少年就如同灌满了汽油的 F1 赛车：速度超群、曲线优美、冲劲十足，却刹车不灵……对他们放任自流无异于让盲人开车。

发育时间表		
年龄	发生的变化	
十七岁	寻求经济上的独立。 选择职业。	正在发展适应社会生活的智慧和认知能力。 渴望并开始承担行为的社会责任。

对青少年顽童家长的提示

青少年不是年轻一些的成年人。

不要指望他们能周全地筹划事情。

孩子的大脑正在经历重组以提高效率。我们必须充分利用这个契机，帮助孩子学会聪明地工作而不是愚蠢地努力。

情感区域动荡期：“D' oh！”

与此同时，还有其他有趣的事情正在发生。首先，荷尔蒙的影响日渐强烈，青少年大脑中的情感区域（也就是脑缘系统）要比掌管计划和控制冲动的区域（也就是大脑额叶和前额叶）更加活跃。这意味着青少年在情绪兴奋的时候学习效果最佳！他们对和自身及其生活有关的事情印象最深刻，例如霍默·辛普森的口头禅：“D' oh！”

一位我认识的父亲甚至想要在他女儿的卧室门上贴上一张告示：“小

心——情绪震荡中！”青少年喜欢高强度、高兴奋和高刺激，而音乐、激情和恐怖电影正对他们的胃口。

这个阶段的孩子爱用夸张的非声音语言，例如翻白眼、叹气和“呲”的声音。一些不明真相的父母和老师误把这些当成语言去回应。

这就是为什么说和青少年辩论是白费口舌的原因。

发育时间表		
年龄	**发生的变化**	
十八岁	有意识地与身边环境和谐相处。	开始培养接受高等教育所需要的技能——压力处理、精力分配、时间管理和组织能力。

青少年不仅情绪容易冲动，还极其不善于体察他人的感受，尤其是恐惧感。

这个时期，青少年的大脑在从事和兴趣相关的事情或者得到青少年信任和尊重的人的指导的时候，最能够得到促进和发展。

对青少年顽童家长的提示

在青少年眼中，最没意义的提问包括：

1.“你在想什么？”（他们很可能确实什么也没想。）

2.“你难道看不出她很害怕吗？”（他们真的看不出来。）

青少年需要高度监督，他们甚至有可能比孩童时期更需要你。

髓鞘形成期 :“你在想什么？”“不知道。”

大脑在青春期发生的另一个变化就是髓鞘开始形成。髓鞘是一种脂肪类物质，它包裹在脑细胞的轴索外面，用来协助神经传导更加快速和高效。简单地说，它是为思维增加动力的物质。（仅仅是髓鞘的外壳破裂就足以造成多发性硬化症这样灾难性的后果。）

髓鞘就是在青春期形成的——它的数量在这个阶段增加了一倍。大脑中两个部位的髓鞘形成最为剧烈，一个是掌管记忆的海马体，一个是关乎情感的扣带。这一科学发现揭开了关于青少年的两个谜团。多年以来我时常看到父母询问他们处于青春期的孩子 :“你在想什么？”结果除了空洞的表情、耸肩的动作或者一句“不知道”之外得不到其他回答。我以前一直以为这种反应是孩子故意装出来的，现在我是真的相信他们确实不知道了。事实是，他们根本没想任何事情，所以才会有那种空洞的表情——他们是真情流露。

针对扣带的髓鞘，科学家进行了一些研究，用以解释与青少年交流的另一种现象。扣带掌管道德和理智。青少年考虑后果和斟酌行为的能力相对薄弱，这就是为什么很多父母在接受心理咨询的时候反映，他们的孩子会在被吩咐倒垃圾的时候“突然丧失理智”、“发疯”或者“做出极其过分的举动来”。青少年确实不大懂得评估事情的轻重缓急。

与同龄人交往增多

青少年容易情绪冲动已经不是什么新闻了，除此之外他们还具有非常爱交际的特性。神经学家琳达 · 斯皮尔指出，多数动物都会在青春期发生社会行为上的转变。好斗和好玩的特性会先增强，然后减弱，直到达到性成熟。

青少年平均每星期会把超过 30% 的清醒时间用于和同龄人交谈，却只有 8% 的时间留给父母。

他们最擅长的事情就是模仿。时装、音乐、化妆、喷香水——什么事情他们都想试一试！除了爱模仿之外，他们还担心失去同龄人的认同。很多孩子都有两副面孔：在同龄人面前他们必须表现得很酷很深沉；而在家人面前，他们依然是那个会犯错的孩子。父母不应该期待孩子在同龄人面前和在家里一个样。

竞争型警报！

小丘吉尔们在高中时期容易把成败看得过重。危险在于他们有可能会放弃所有尝试，转而回避一切。毒品对这类孩子威胁最大。家长要为他们创造探险的机会，最好能在挑战体能的同时让他们结识新的同龄人。

对压力敏感

日常生活的压力对于青少年决策能力的影响可能会大于成年人，这容易导致他们睡眠不足，这反过来更会加重压力。青少年有可能面临比成年人更多的困扰（友谊的破裂、恋情的变化或者学业上的困难），并且因为感到无力改变局面而表现出更加悲观的倾向。

青少年生活中的消极因素越多，他犯错误的可能性就越大，就越不可能去参加那些对他有益处的活动。

当时间紧迫时，青少年的表现明显要差于理想的状况。这意味着他们可能会在考试时表现失常。一旦出现这种情况，我们应当确保孩子不会把某次考试的失败当作对自己无能的证明。

发育时间表		
年龄	发生的变化	
成年初期	本想独立自主却发现不得不依靠家庭的经济援助或者接受更高层次的教育，因此而产生挫败感。	与父母对性、爱情和家庭责任的看法不同有可能在“可怕的二字头年龄”造成大量的家庭矛盾。 应当让年轻人积极地参与到生活中来。

冒险行为增多

青少年天生爱冒险。他们喜欢放纵、刺激和危险。一项研究表明，十一岁半到十五岁之间的孩子，有 80% 在每个月至少做出一种不良行为，例如违抗父母管教、在校表现不好、吸毒或者反社会行为，包括偷盗和打架。

青少年爱冒险是正常现象。敢于冒险的人更容易被同龄人所接受而且会从中获得乐趣。不敢冒险的人则被认为过于谨慎。

青少年爱冒险的原因有很多：

寻求新鲜感——强烈渴望体验肾上腺激素陡增的感觉。

渴望变化或者某种强烈的刺激。

博得异性的青睐。

减轻痛苦，缓解压力。

冒险行为被当成是对真实生活的体验。

冒险型警报！

你根本阻止不了他们去冒险。你只能帮助他们寻找更加积极且有趣的冒险活动。例如可以让他们去参加白水激流、登山、越野赛跑、冲浪或练武术——任何你能想到的积极的冒险活动！

> 当一个人发现无法以被社会认同的方式去获得成功的时候才会想要去用不被社会认同的方式。
>
> ——阿尔弗莱德·埃德勒（Alfred Adler）

这一阶段对于顽童来说非常关键，家长一定要想方设法帮助他们寻找更加安全的冒险活动，同时还要引导他们用正当的方式去获得胜利。

高危行为

吸毒是消除烦闷的一种高危手段。在青春期初试毒品是比较常见的行为，但令人担忧的是，青少年初试毒品比成年人更容易上瘾。尤其在目睹同龄人吸毒之后，其他人会明显感受到效仿的诱惑。

酒精和香烟通常是违法药物滥用的萌芽。过早接触酒精的青少年很多都会在成年之后养成对酒精的依赖，这可能会阻碍大脑发育。

其他高危行为例如暴力、犯罪、无保护性行为、早孕和危险驾驶，统统都和过早接触酒精有一定的关联，因此父母有必要尽量延后孩子开始接触酒精的时间。

愤怒和攻击性

一些灵长类动物在青春期最具有攻击性。这种倾向的根源在脑缘部位，尤其是杏仁核，这里是负责调节情绪和决定“是打还是跑”（换句话说就是在你遇到威胁的时候告诉你应该自卫还是应该逃离危险）的生理结构。当情绪激动的时候，相对于成年人来说，青少年的大脑额叶不如杏仁核活跃。因此，他们在此时最想做的事情不是思前想后，而是随心所欲。

顽童的成长轨迹

了解顽童的另一个视角就是掌握他们的成长轨迹。

轨迹一：一帆风顺型。要知道大多数孩子都能顺利又安稳地度过童年和青春期。当然，其间难免会有磕磕绊绊。和所有青少年一样，他们也会担心找不到约会的对象，烦恼脸上的青春痘总在增多，享有的自由却总在减少。多数年轻人还是恋家的，和父母的关系也十分亲密，对自我也有非常积极的认识。

轨迹二：成长烦恼型。打从青春期开始的那一天起，很多顽童就被体内的荷尔蒙、身高的暴涨、烦恼的增多以及情绪的动荡弄得举止反常，和他人的关系也经常受到影响。

顽童成长轨迹

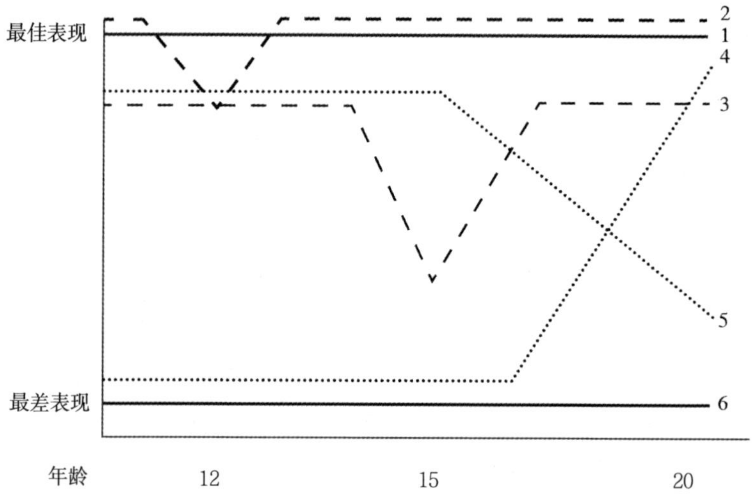

轨迹三：中期愤怒型。该趋势在初二、初三时表现得最为严重。遵循这种发育轨迹的顽童此时具有很强的攻击性并有可能走上少年犯罪的道路。家长们最大的担忧是这些孩子会进一步从事更严重的犯罪行为或者沾染上毒品。爱冒险是这类孩子的共性，或许这是他们追求独立的一种表现。总的来说，他们当中大多数人不会一直沉迷于这种消极的生活方式。

轨迹四：浪子回头型。突发事件和意外机遇可能会引发行为上的重大进步。有些顽童随着年龄的增长而变得日渐独立，这时会更愿意和一位生活阅历丰富的成年人建立亲密的关系。这个人可能是某位能给予他们鼓励和信心的老师或者辅导员。

轨迹五：持续退步型。这类青少年在青春期中期之后会出现越来越严重的抑郁、好斗倾向或者药物滥用。他们喜欢和一些不良少年在一起以寻求社会归属感和自信心。他们认定自己无法融入多数人的群体中去，而且对取得个人成功信心不足，因此常常会做出一些让自己更加失望的事情来。

轨迹六：持续消沉型。这种类型的孩子自童年开始就一直问题不断，并延续到青春期。他们往往来自环境不健康的家庭，例如曾目睹家人吸毒或者有暴力倾向。

以上这些对顽童的家长有何启示呢?

主要有以下几点：

◆ 要知道，无论是少儿还是青少年，他们都不是微型的成年人。他们的大脑正在经历变迁：无论是在生理结构上还是在神经反应上都和成年人有所不同。

◆ 要做好心理准备，这些变化可能一直会持续到二十五岁乃至三十岁。

◆ 别忘了青少年的大脑额叶正处在“关闭”“维修中”的状态。因此不要指望他们能思前想后或者体谅别人的感受。

◆ 要善于利用青少年的丰富情感。如果你想让他们学得更好，那就让知识和他们的生活紧密联系起来。用他们最喜欢的电视节目——例如《老友记》——来激发他们的兴趣。

◆ 让他们接收积极的讯息。想要鼓励在这个年龄段的孩子可不是件容易的事情。可以动用奖励，或者任何其他能让他们感兴趣的事情。如果到青春期结束的时候，他们能这样说：“我喜欢生活，而且我对自己也很有信心（我老爸老妈也不赖）。”你这个做父母的就理应奖给自己一枚荣誉勋章。

◆ 一定要告诉孩子你很爱他，而且要反复地说。

◆ 要知道过度的自由反倒会害了孩子。

◆ 最后也是最重要的一点，永远不要低估你作为家长的影响力。顽童需要身边有人引导——尤其是一个经验更丰富的成年人，尽管他们可能会跟你吵架，但这并不妨碍他们暗地里模仿你的行为。无论你相不相信，他们最需要的人就是你。就算你自我感觉不比孩子知道的多多少，也要努力维持自己的权威，尤其是你必须清楚如何在需要的时候挽救你的家庭。

小 结

- 处于青春期早期的顽童和家人的摩擦会增多。
- 孩子对独立要求的日益增加并不意味着你承担的责任的日益减少。
- 这个阶段的顽童需要很多和父母在一起的时间。

第三部分

从顽童到天才：顽童转变的五个步骤

任何家庭都难免会遭遇恶性循环的低潮时期。对于拥有顽童的家庭来说，这更是家常便饭。接下来的这些章节凝聚了我二十五年来和众多顽童及其家长打交道所获得的经验。你将从中获得不少点子、建议和对策，这些都要归功于那些在家教研讨会上和我们分享自己经历过的成功、烦恼和失败的家长们。

尽管我认为这些宝贵的经验都非常简单可行，但毕竟每个家庭情况不同，因此你必须要对这些策略做些微调，使之适用于你的家庭。世上没有人比你更了解你的孩子，所以你才最有资格判定我提供的这些建议是否符合你孩子的状况。

请给自己倒上一杯有助于放松的饮料，备上一碟可口的小吃，准备好一个清醒的头脑来判断哪些经验可以供你借鉴。在我们启程之前，还有一点小小的建议：请带上你的勇气！

第十二章 顽童情绪化的生理根源

顽童是很情绪化的孩子，因此你在教育他们的时候，有必要先学会判断他们的情绪，再想办法去调节这些情绪。情绪这东西你并不陌生，你自己也有。例如在某个心情不佳的日子里，一句通常可以让你喜笑颜开的话却只换得你的一句类似“好像吧！”“随便啦！”或者“还行吧！”这样的回答。

或者赶上你心情大好，正值意气风发的时刻，一句平时定会让你勃然大怒的言辞居然让你只用了一句“没什么啦！”“无所谓啦！”或者“小事情了！”就打发了。

如果你的孩子是顽童的话，情绪这东西你就再熟悉不过了。你一定体验过这种场景：孩子放学回来一进家门就满面乌云，这让你不由得在心里说：“看来今天下午要难熬了，何时才能多云转晴啊？”（或者类似的想法。）或者某天早上发现孩子一起床就拉长个脸，于是心里暗想：“看来今天风声不对，恐怕要倒霉了。”

其实你和我一样，从事的都是调节情绪的工作。想要成为合格的顽童家长，你必须首先成为调动情绪和调节情绪的专家。

你必须明确的一个前提就是：

除非你先转变他的情绪，否则别想转变他的行为。

你自己在心情不好的时候，行为也好不到哪里去。更何况是一个疲惫厌倦的孩子？他难免会烦躁易怒或者不服从管教。指望他们在这种情况下乖乖地听话纯属妄想。如果你认为孩子会自动从乌云密布转为阳光灿烂的话，你一定是还生活在幻想世界里。

让我们一起再重复一遍："除非你先转变他的情绪，否则别想转变他的行为。"

我们每天的情绪不仅仅会受到当天发生的事情的影响，还取决于我们的大脑和身体中发生的化学反应。

这些化学反应对我们情绪的影响力丝毫不逊色于某件让我们开心或者忧伤的事情。每当我对父母们这样讲的时候，他们都会长舒一口气，然后说："我总算是知道了为什么孩子会莫名其妙地上演情绪大逆转。"

这并不是说顽童的父母必须成为神经化学或者生理学方面的专家，只不过有几种主要的大脑化学反应值得让他们有所了解。这没准会让你的家庭关系大为改观。

家长最不希望存在的两种化学物质分别是肾上腺素和皮质醇。

他们最希望存在的两种化学物质则是多巴胺和羟色胺 。

固执、冲动——肾上腺素分泌过多

肾上腺素至少部分导致了冲动和丧失理智。一个靠肾上腺素的刺激来生活的人如同一支两头燃烧的蜡烛。它会让人的固执加倍，尤其会让顽童的情绪更加难以调节。

当肾上腺素大量存在的时候，杏仁核——也就是大脑中决定"是战斗还是跑路"的部位——会异常活跃。事实上，这部分会活跃到占据一个人的全部理智，其力量是非常惊人的。你自己或许曾经深有体会，可能某个人某天早上对你说了一些刻薄或者恶毒的话会让你一天都感觉难受。这其中一部分原因就是你在受到了刺激之后体内的肾上腺素水平升高，导致你为了“是战斗还是跑路”而纠结。

当顽童体内的肾上腺素激增的时候，试图改变他的行为是白费力气——除非你先把他的肾上腺素水平降下来。顽童肾上腺素分泌旺盛的征兆非常容易辨别——参见下面的举例。

生活在有规律和规矩分明的家庭环境中有助于减少肾上腺素的分泌。当孩子因为该激素的过多分泌而出现情绪冲动的时候，你可以用平静而清晰的口吻告诉他：“这就是我们家里的惯例。”这样会有助于增加他的安全感。还应该给他时间去稳定情绪，例如让他自己冷静一下。

但偶尔你也会想要利用孩子体内的肾上腺素做些什么，因为它同时也是一种兴奋剂。办法之一就是来一场时间赛跑，例如：“让我们试一试能不能在十分钟之内把房间打扫干净，然后我们就可以玩游戏了。”

肾上腺素分泌旺盛的标志

行为缺乏理智，过度“亢奋”。

难以入睡。

精力旺盛。

一生气就跑掉。

爱和人小吵小闹。

过度关注某件事。

不愿意尝试新事物。

看上去十分忙碌但成果甚微。

紧张、易怒——皮质醇涌入了大脑

皮质醇是另一种值得关注的大脑神经化学物质。它是人们在承受压力时分泌的一种荷尔蒙，会和肾上腺素一同产生。听起来很糟糕是不是？冲动的基础上又加上了紧张。

皮质醇会降低人的语言表达能力。你有没有过被惊得哑口无言的时候？这就是因为你大脑中的布罗卡氏区——即语言的中枢——涌入了大量的皮质醇，结果导致这一功能暂停。处于紧张状态下的顽童往往不知该如何表达自己的情绪。这就是为什么他们给你的回答常常是单音节的声音，青少年尤其如此。

皮质醇还会削弱人灵活处理问题的能力。孩子会因此而变得非常不安和易怒。它还会导致分辨主次的思维能力暂时停顿，我们由此可以理解，为什么人在压力之下做事会毫无章法。想要辨认孩子是否正处在皮质醇的作用之下非常容易——参见下面的举例。

顽童的父母都希望孩子能够尽量减少皮质醇的分泌，好让他能经常保持平静和快乐。为此，除了维持有规律的家庭生活之外，还要避免让孩子遭受暴力、讥讽和羞辱。控制孩子的摄糖量同时保证他们的饮水量也很有效。良好的睡眠同样可以减少肾上腺素和皮质醇的产生。

研究证明荧光灯对皮质醇的分泌有一定的刺激作用。如果家里有顽童的话，最好使用像台灯这样的间接光源。

皮质醇分泌旺盛的标志

很难用语言表达思想。

经常紧张和担忧。

容易生气。

坐立不安。

防御心理强。

反应过激。

比平时体味更重（紧张会让汗液发酸）。

分不清主次。

消沉、没有精神——多巴胺分泌不足

多巴胺是导致热血沸腾的根源。它会给人带来动力和快乐，是神经化学世界里的开心果。

多巴胺会改变人的心情。人在六岁到九岁之间的多巴胺水平与成人无异，在青春期却会降低。这就是激励青少年特别困难的原因。有明显的证据表明，顽童的多巴胺水平比同龄人还要低——参见后面的举例。

多巴胺还会影响到注意力的专注程度。有些顽童显然极度缺乏多巴胺，因此他们的父母急切地想要提高孩子体内的多巴胺含量。

如果你也需要这样做的话，不妨尝试：

让孩子进行带有重复特征的体育运动，例如乒乓球、游泳、手球或者参加仪仗队。

让孩子参与挑战——请他们帮你思考一些家庭难题的解决办法。

让孩子进行社会交往——即便是习惯独来独往的消极型孩子也会受益于社会交往带来的多巴胺分泌。

奖励孩子——激励或贿赂，你怎样称呼它都行，效果都是显而易见的！

给孩子补充酪氨酸、Omega-3 和 Omega-6，这些都有助于多巴胺的分泌。

多巴胺分泌不足的标志

注意力不集中。

缺乏积极性。

对成就无动于衷。

精神疲惫、倦怠。

对任何事情都没有兴趣，也不愿意尝试。

很难接受新事物。

抑郁、不活泼——羟色胺缺乏的征兆

羟色胺是人类已知的最有效的抗抑郁物质，顽童及其家长都需要它的帮助。如果说多巴胺会让你激情澎湃的话，羟色胺则会给你带来水到渠成的快乐。它是一种淡定的激动，会让你冷静地思考。

想要知道你们家的顽童是否缺少羟色胺并不难——参见后面的举例。羟色胺不足容易引发抑郁症，因此会出现一些明显的征兆。

体育锻炼可以刺激羟色胺的分泌。总而言之，凡是带有重复特点的运动都可以促进多巴胺的分泌，而几乎所有的运动都会有助于提高羟色胺的水平。让孩子获得积极的肯定和反馈，适当给予他们一些选择、权利和责任，也会收到很好的效果。

有些顽童因为不得不适应他人制定的时间表而承受着巨大的生活压力，所以最好能给他们一些可以放松的时间。如果可以用自己的节奏去做自己想做的事情，羟色胺就会升高。饱饱地睡一觉就是一个极佳的促进羟色胺分泌的方式。

过量的咖啡因以及人造甜味剂是羟色胺的天敌，所以家长要尽量让顽童避开这类食物。

如果你发现孩子经常表现出羟色胺缺乏的征兆，最好带他去看心理医生。

羟色胺分泌不足的标志

情绪不高，不爱说话。

早上没精神。

对什么事情都不满意。

对表扬不感兴趣。

什么事情都嫌麻烦。

忧郁或者伤感。

做任何事情都需要原因（爱问“为什么我们要做……”）。

回避和他人眼神交流。

想要逃避家庭活动。

有助于提高多巴胺水平的教育方法	有助于减少肾上腺素水平的教育 方法
开展有趣的活动。 玩有挑战的游戏。 多想孩子的优点，少想他们的缺点。 保持幽默。 制订所有人都期待的光明的家庭蓝图。 改变孩子所处的环境和他正在做的事情。 一起学习一项新技能。	每周都留出一些时间来做规划。 给孩子一些“懒散的时间”，例如每周都允许他们在某一段时间里什么事情都不用做。 如果你发现和孩子陷入了争吵，立刻停止，如果可以的话稍后再说。

有助于提高羟色胺水平的教育方法	有助于减少皮质醇水平的教育方法
夸奖孩子。 让孩子知道你对他们的爱。 组织健康的活动。 游戏和锻炼。 享受生命，珍惜家庭。 重视正面的影响。 保证早餐（尽可能多一点蛋白质，少一点碳水化合物）。	多听少说。 播放舒缓的音乐。 用平静的语气说话。 避免让孩子摄入过多咖啡因（你自己也要注意控制）。 多喝水。 多睡觉。

小　结

■ 神经化学物质对行为有重大的影响力。

■ 肾上腺素、皮质醇、多巴胺以及羟色胺是四种决定顽童行为的关键性神经化学物质。

■ 学会解读神经化学反应的征兆能够赋予家长们极大的扭转顽童反常行为的能力。

第十三章　扭转不良情绪的八大武器

既然我们已经初步结识了肾上腺素、皮质醇、多巴胺以及羟色胺这四种化学物质，现在就让我们看一下该如何利用它们来改善顽童们的心情吧！

武器之一：良好的睡眠

顽童需要大量的睡眠。这决定着你可以有喘息的机会，也决定着他们可以更好地学习，更主要的是它决定着你们的家庭生活是否会更愉快一些！你也许不相信，最理想的睡眠时间是每晚 9.25 个小时。

对顽童的一项调查显示，他们多数睡得不够。手机以及放在卧室里的电脑和电视都是睡眠的敌人，所以最好把这些电子产品请出卧室。

很多顽童晚上都过于亢奋，因此很难入睡。强烈的光照也会阻碍睡眠激素——褪黑素的分泌。为了帮助孩子入睡，请用台灯来代替明亮的日光灯。

睡眠的质量是困扰顽童的另一大问题。有些孩子甚至喜欢把自己压在层层大被之下直至无法呼吸。所以最好等孩子睡着之后，检查一下他们的冷热状况。

睡眠对学习效果也很重要。睡眠过程是我们强化记忆的过程，科学家认为这和做梦以及快速眼动 REM（Rapid Eye Movement）有关。在 8~9 个小时的睡眠过程中会出现五次快速眼动周期。如果顽童只睡 5~6 个小时的话，他至少会损失两个快速眼动周期，结果减少了大脑将获得的信息转化为长期记忆的时间。

羟色胺的分泌情况和精神的紧张程度都直接影响到我们的睡眠时间。如果晚上没办法睡够的话，白天最好睡个午觉。午觉对于提高学习效果和改善记忆的作用可能不亚于整晚的睡眠。尤其是如果你的午觉需要睡足一个半小时，做梦可以让你睡上一个小时就够。午觉的好处类似于早睡，后者被证明可以促进学习。

确保晚间良好睡眠的小窍门

下午四点之后不再喝咖啡（包括富含咖啡因的软饮料和能量饮料）。

睡前两小时不做剧烈运动。

如果孩子在晚间表示很累，最好建议他们提前上床。如果错过了这个疲惫周期，他们至少要等上 90 分钟才能再次感觉有困意。

不要把手机、电视、电脑等干扰睡眠的电子产品放在卧室里。

要牢记睡眠是不可以预存的。他们前一天晚上睡了十个小时并不意味着今天只要睡六个小时就够了。

不要让孩子睡觉的时候体温过高。

如果他们睡不着的话不要太忧虑。即便只是躺在床上也有助于恢复体力。

了解双方的能量低谷

你最需要打个盹的时候往往也是你学习效率最低的时候。想要预测你的能量低谷，不妨把晚间睡眠的中点时间加上十二小时，结果大体上就是那个时间。例如人们通常从晚上十点钟睡到第二天早上七点钟，中点就是凌晨两点半，那意味着他们将在第二天下午两点半遇到能量低谷。一项调查显示，下午两点半的确是青少年最没精打采的时候。

了解孩子的能量低谷大有好处。选择在孩子最没精神的时候问他“你今天有作业吗？”显然是白费口舌。同时家长也应该知道自己的能量低谷是在什么时候。如果你选择在你和孩子都处于疲惫期的时候进行重要的谈话，更是浪费时间。与其这样，倒不如出去走走或者去做别的事情。能量低谷期大概是在你推算的时间的前后半小时内。

顽童的父母也需要充足的睡眠。因为这类孩子的生活节奏要比别人快一拍，从早上醒来的那一刻起就浑身充满了能量，随时准备出发，而且要一直到睡觉前才会慢下来。所以和顽童在一起生活的父母很容易睡眠不足。睡眠不足又会进一步削弱我们承受压力的能力，更容易烦躁和发脾气。因此一定要想方设法保证足够的睡眠。

武器之二：充足的日间光照

我们之前已经提到过，荧光灯会让顽童更烦躁。自然光或者台灯是最佳选择。最好不要让顽童在荧光灯下学习。使用全光谱光源而不是荧光灯的学校请假率最低。荧光灯也会升高血液中皮质醇的水平并抑制免疫功能。

经常到户外也会改善情绪。冬季是抑郁症和其他很多疾病多发的季节，这很大程度上跟人们减少了出门次数有关系。露天活动还可以让顽童们消耗掉多余精力。

光线强度的常用衡量单位是勒克斯。自然光的范围是从阴天里的 2000 勒克斯到晴天里的 100000 勒克斯。有些顽童如果没有受到足够的阳光照射，会表现得易怒或者忧郁。一个功率在 150 ~ 200 瓦的球形灯泡的光线强度约等于 2000 勒克斯，有证据表明日间光照好能改善心情。当然再好的照明也不如多到户外去。

在睡前几小时调暗室内的光线会提高所有人的睡眠质量，让我们更有能力抵御压力和焦躁。

武器之三：富含色氨酸的饮食

食物比任何药物都有效。你肯定深有体会！所以我们才喜欢光顾高级餐厅，享用美酒和佳肴。

改变心情最快的方式之一就是让一个人吃饱喝好。即便只是一杯白水也可以降低皮质醇的水平。如果已经尝试了各种教育顽童的方法均告失败的话，就给他一杯水喝吧！如果他不喝你就自己喝，一定有用的。

茱莉亚·罗斯在她饶有兴味的著作《治疗心情》一书中提到，在早餐时间应减少碳水化合物的摄入，同时要增加蛋白质，这样可以促进记忆力和专注力。这里要说的是，富含色氨酸的食物可以预防抑郁症。很多食物中都含有色氨酸，例如火鸡肉、瘦牛肉和杏仁。这些食物会增加你血液中的色氨酸，而色氨酸随后在你的体内会转化成羟色胺。因此给你的孩子吃这类食物等于是给他们服用了纯天然的抗抑郁药物。

如果你能同时减少咖啡因和人造甜味剂的摄入的话，会收到更好的效果。

武器之四：边走边聊

我越是和顽童们相处，越发开始相信身体是有记忆功能的。特定的姿势和动作会激活特定的记忆。猫腰驼背的姿势更容易让其感到疲惫和悲伤，而总爱皱眉头的人更容易回想起生气或者烦恼的事情。

想要改善孩子的心情就要先让他们动起来——不是要你去推着他们走，而是要对他们说："我能看出你心情不好，我要去厨房，和我一起过去吧，顺便告诉我发生了什么事情。"这样一走动，就打破了僵局。

多数顽童都比较活跃，不怎么喜欢和你谈什么感情方面的话题。单纯地和他们边走边聊并不能解决任何实质性的问题，但会让问题更容易解决。

武器之五：学习乐器和播放音乐

青少年热爱音乐不是没有道理的，音乐确实能够影响人的心情和大脑功能。

音乐是一个全脑运动——会极大地影响到情感、学习和分析能力。有人甚至证明莫扎特的音乐能够开发智力：在聆听了《莫扎特D大调双钢琴奏鸣曲》十分钟之后，学生的抽象空间推理能力明显提高。巴哈贝尔的《卡农》和广义上的巴洛克音乐也被发现有助于放松和提高表现力。

听音乐还能够增强大脑功能。脑电图显示每天听一个小时的古典音乐可以让一个四岁孩子的大脑功能更加协调。他们可以更长时间地停留在阿尔法脑波阶段——也就是平静、放松和保持警醒的阶段。

学习一种乐器也大有好处。例如弹钢琴可以提高空间想象和预测的能力。学音乐还可以提高听觉敏锐度和记忆力。

父母可以尝试发掘适合自己孩子的乐器。例如，单簧管、钢琴和高级吉他需要精细运动技能，小号、架子鼓等打击乐器则需要粗大运动技能。演奏乐器可能成为那些不善言辞的顽童发泄情绪的一种良好渠道。部分乐器演奏时的重复动作还可以刺激多巴胺的分泌。

在早餐时间或者放学回家的时候播放音乐可以提醒孩子环境的变更（例如不是在学校），这会有助于心情的转变。

武器之六：少量地观看电视

电视也能改变心情。任何喜欢一头倒在沙发上看电视的人都知道这一点。

小学高年级或者刚上中学的孩子用于看电视的时间惊人的多。22% 的孩子每天至少看三个小时的电视，而14%的孩子用同样的时间打电脑游戏。

电视也为孩子们示范了各种调皮捣蛋的冲动行为。恐怕只有我们这一代人还记得电视剧《杜比 · 吉利斯的故事》，其中那个杜比经常模仿罗丹的雕塑《思想者》摆造型。像这样慢条斯理的人物在今天的电视节目中已经绝迹了。

在以色列，针对一百万个孩子的看电视习惯和学习表现的调查表明，二者之间的关系非常复杂——少量的观看（每天不超过 1.4 个小时或者每周不超过 10 小时）会促进学习成绩；超过这个尺度，尤其对于十岁到十七岁之间的孩子来说，则会带来消极影响。

合理的看电视时间要随着孩子的年龄而变化。越来越多的研究表明，哪怕是极短暂的观看时间也会损害两岁以下儿童的专注力。一个九岁的孩子每天最多可以看两个小时，十三岁的孩子可以看一个半小时，而对于十七岁的孩子，合适的时间就降到了每天半个小时。

武器之七：适当的电脑游戏

任何人只要目睹过一个烦躁、没精打采、注意力不集中的顽童如何在开启电脑游戏的一刹那变得聚精会神、神采奕奕和积极进取的话，就知道这类游戏改变情绪的威力有多么强大了。

我给现今的孩子取了一个绰号叫“鼠标一代”——这些婴儿潮的后代

们生来就攥着鼠标，他们习惯于当即的满足感、立刻的结果和不间断的娱乐享受。影响他们生活的因素包括各类视频和电子游戏。这些事物有利也有弊。积极的一面包括提高了手眼协调性和解决问题的能力，同时也是一种社交途径。

男孩子尤其通过建立局域网、观看比赛或者交流游戏心得而使得玩电子游戏变成了交友的手段。他们还经常阅读一些教他们“投机取巧”的游戏秘籍。所以说，视频和电子游戏并不完全是有害的。

这些游戏还会给孩子带来挑战、社会交往的虚拟空间以及强烈的神秘感。他们在赢得游戏的过程中体验了成为冒险英雄、构建城市和征服挑战的快乐，而这一切都不需要离开家门就可以实现。

电子游戏广受孩子的欢迎，因为它满足了孩子的三大愿望：

1. 既可以像大人一样去冒险，又不用受大人的太多约束。
2. 可以挑战自我。
3. 获得有相同爱好的团队的归属感。

但是过度地玩游戏会给孩子带来危害。他们有可能会对游戏上瘾而欲罢不能。我曾经见过一个孩子因为被禁止玩游戏而难过得如同丧失了某位至亲。

另外，从这些游戏中获得的某些技能并不能直接应用到实际生活中去。电脑游戏如此善于设置挑战，然后奖励那些成功的人，结果导致孩子反而丧失了独立思考解决办法的能力。很少有游戏需要创造性地去攻克难题，也不允许参与者积极地去设计故事发展的可能。

电脑游戏对人的误导也非常严重。我辅导过的一个十岁的男孩当被问到擅长的体育运动时，回答竟然是“魁地奇！”（魁地奇，《哈利·波特》系列故事中一种虚构出来的体育运动。）当我进一步问他怎么玩这种运动的时候，他无比怜悯地看着我说：“当然是在电脑上啊！”

自卑或者心理脆弱的孩子容易在电脑游戏中寻求安慰。如果你经常被人忽略、感觉紧张或者抑郁，却能在电脑上修建城池、赢得战争甚至成为世界冠军的话，电脑游戏的吸引力不言而喻。如果你自觉弱小，暴力游戏带给你的任何一点强大感都会被你当作解决自身困境的一线希望。如果孩子因为沉溺于暴力游戏而进一步断绝其他社会交往活动的话，很容易最终踏上从事暴力活动的道路。

父母必须鼓励孩子去参与种类丰富的活动，电脑只能是其中之一，绝不能成为核心内容。

至于多少电脑游戏时间对孩子是合适的，目前尚无定论。唯一可以肯定的是，顽童尤其容易对电脑游戏上瘾，因为它可以为他们带来视觉上的刺激。

对顽童来说，最困难的转变就是远离电脑（包括电脑游戏）去参加别的活动。因此，父母们通常发现最好把玩电脑的时间安排在饭前。食物和饥饿感最有可能促使孩子停止游戏。永远不要允许孩子边吃饭边玩电脑。一旦你这样做了就永远别再指望他们还会来饭桌旁吃饭。

武器之八：做好你自己！

作家杰夫·康利（Jeff Conley）曾说过这样一句妙语："请检查一下自己脖子上面的东西。"这正是我们应该经常做的一件事。

养育顽童足以让最坚强的父母崩溃。当所有人都善意地向你提供他们的建议的时候，你会觉得自己仿佛成了众矢之的。

你首先该做的事情就是：**丢掉负罪感！**

负罪感是现代育儿的常见病。你永远不可能做到足够关心、足够睿智、足够温柔、足够关怀、足够坚强、足够宽容……我遇到过一位母亲曾因为无法成为完美的家长而倍感挫败。于是，我请她把完美母亲的特质列出一张清单，然后问她，如果真的成为这样的母亲，她的家庭生活会变成什么样？她大笑着说："我们家会破产，我自己也会发疯。我明白了，根本不存在什么完美的母亲！"

你该做的第二件事是：**为孩子树立典范！**

利用你在本章中学到的方法去调节孩子的情绪。首先要以身作则，自己睡好、吃好、过好，这也是你应得的权利。更何况，除非你自己先付出努力去改善家庭氛围，否则别指望孩子会重视你的任何建议。

小　结

■ 心理活动并不是决定顽童心情和行为的唯一因素。

■ 很多因素都可以改善孩子的情绪，例如充足的睡眠、合理的饮食、体育锻炼、听音乐、适当的电脑游戏以及父母自身的良好表现等等。

第十四章　转变第一步：停止你错误的做法

当家庭关系陷入了某种僵局的时候，所有人都开始感到绝望、愤怒或者想要推卸责任——但这样做只会让情况进一步恶化。

任何家庭都有可能遇到停滞不前的阶段，这意味着我们必须有所创造或者改变旧观念。对于顽童的家庭来说尤其如此，因为这类孩子通常会扰乱正常的生活秩序，并让身边的人感到格外的疲惫和烦躁。

大家可能还记得热门电视剧《盖里甘的岛》(*Gilligan's Island*) 中的那个教授。这个了不起的发明家能用椰子壳做指南针，还会设计风力发电站，总有数不清的古灵精怪的点子。但不知道为什么，他好像总也抽不出时间去修补他船上的漏洞，或者干脆造一艘新船。

有时候，我们在教育顽童的时候就如同那位教授——每天纠结于一些琐碎的小事，反倒忘记了纵观全局。所以，与其整天忙着亡羊补牢，不如尝试一下我接下来要推荐的这套方法，或许可以改善你和孩子之间的关系。

在和顽童及其家长们打交道的 25 年里，我时常纳闷：为什么多数干预手段都需要六个星期才能初见成效？后来，我猜想，这可能是因为正常人一般需要六周左右的时间来养成某种习惯。

六周五步转变法

下面要介绍的这五步法已经通过了万千家庭的测试，无论是家长还是孩子，都一致见证了它的效果。正如我所说的，这大概需要六个星期的时间来完成。

第一步：停止你错误的做法。

第二步：构建顽童的归属感。

第三步：创造合作文化。

第四步：开创互动新模式。

第五步：巩固积极新模式。

你可以把这个过程当成是调节家庭氛围的尝试。当你和孩子之间的关系出现紧张和脆弱的迹象时，不妨改变你们目前相处的方式。

在未来的六周时间里难免会出现顺境和逆境，因此，你既会享受到成功的喜悦，也会体验到失败的无奈。我甚至可以坦白地说，起初，逆境要远多于顺境。因为顽童们早就习惯了随心所欲，他们是绝不会轻易缴械投降的。

但同时我们也不应该忘记，顽童不等于“坏孩子”，他们只不过是和世界交往的方式过于单一而已。实施这五步走，一方面是为了调动孩子全部的潜能，另一方面也是为了让父母们重新找回自己的平静和理智。

换个新舞步

顽童对习惯的依赖是惊人的！他们总是重复做同样的坏事，用同样的方式，一遍又一遍。

他们每次发脾气时的愤怒程度、敌意强度还有郁闷深度可能不尽相同，但模式绝对是一成不变的。他们的招式可谓相当单调。

认清这一点非常重要，因为：

只要你打乱其中的一步，他们的整段舞蹈就会杂乱无章。

起初，顽童的行为可能颇具突发性和随意性，以至于父母们经常说：“他突然间发作，让我措手不及。”或者“事前完全没有任何征兆，一眨眼的工夫她就跑了过去。”如果你能暂时退后、冷静观察的话，就会抓住其中的规律，而一旦你掌握了这些玄机，就可以因势利导，改变他们的不良习惯。

这五步中，要数第一步最为轻松，你唯一需要做的事情就是什么都不做。除非情况极端危急、关乎生死，否则先不要去干预。无论你以前对待孩子的态度是怎样的，都暂且停止，问题就很可能已经解决了一半——涉及你的那一半。有时候，我们越是想去解决，结果却适得其反。暂时停下来、不做任何事情，反而能让你有机会从全新的角度去审视问题，同时寻找替代方案。

要注意的是，一旦你停止干预，状况有可能会瞬间恶化。一部分原因是孩子已经习惯了你平时的反应，突然间没有了阻力反而让他们变本加厉，以期让你恢复常态。

在第一周里找个时间去犒劳自己一下。补补觉，因为接下来的六周时间你会非常辛苦，所以必须提前充电。你可以一边休息，一边对照着第二章到第七章的内容来分析你家顽童所属的类型。

你一定很希望能改变家里的气氛。因为如果你的家庭和大多数顽童的家庭一样的话，那一定是非常混乱和喧闹的——完全不是你梦想的乐土。

不妨从尝试第十三章推荐的那些扭转情绪的贴士开始。先改变家里的饮食结构，增加睡眠时间，更换光照方式，多从事体育运动并经常播放音乐，这些改变会向全家人传递一个信息，那就是"将有事情发生"。

一个母亲这样形容她的儿子在这个阶段的反应："我把柔和的音乐放得很轻，还开了台灯，然后靠在沙发上看杂志，这时我十六岁的儿子走了进来——眼前的家庭环境完全不同于往日的躁动和凌乱——他的直接反应就是问我："你没事吧？"我转过身来，抱了他一下，然后回答说："宝贝，欢迎回家。"说完就走开了。在接下来的几个小时里，他不时过来察看我的情况。

无论你的孩子处在什么年龄，你都要下定决心停止发号施令和大呼小叫。如果你真想改变家庭关系，就必须从自身做起。

其实有很多办法可以让家长通过优化孩子的神经化学物质的水平来调节他们的情绪——参见第十二章末尾的表格。你的基本原则是以柔克刚，而不是火上浇油。

对于那些饱受顽童折磨的父母来说，以下的建议可能听起来很不公平，但想要改善家庭关系，首先要做出改变的人就是家长自身。让我们将其定为一条黄金法则：

改善家庭，家长先行。

顽童的父母太习惯于对孩子指指点点，命令他们该怎样做。这已经成了一种难改的积习。更糟糕的是，连孩子自己都已经习惯了被命令（然后再违抗命令），以至于突然有一天没人再指挥他们了反倒不能适应了。这并不是说你对孩子的管教是错误的，只不过这种提醒和警告反而令孩子巩固了你最想让他改掉的毛病。

在这最初的阶段，不要对孩子期望过高。尤其不要大惊小怪。重新找回你尘封已久的潇洒和风度吧！第一步的核心就是让家庭氛围焕然一新。

如果平时由孩子来完成的家务活突然间无人去做，那你就悄无声息地自己完成吧，当然最好不要让孩子看到。记住，你的任务是要打破家里的常规——这比确保孩子按时喂金鱼重要多了。

如果你认为，就目前的状况来说，倘若放任自流，后果太过可怕，甚至会危及生命，可以寻求专业人士的帮助。孩子若能接受帮助最好；倘若他们拒绝的话，那么就给你自己寻求些帮助。人生何其短暂，浪费在担惊受怕上未免太不值得。

操纵型的孩子会第一个感受到家里的变化。这也许会促使他们想方设法去取悦你。对于那些工作过劳、操心过度的家长来说，这可能会非常受用，但务必小心，不要落入孩子设下的陷阱。

小　结

- 先改变自己，然后你才有可能改变顽童的行为。
- 停止说教，停止喊叫。
- 放过自己，好好休息一下。
- 为解决问题而另辟蹊径。

第十五章　转变第二步：构建顽童的归属感

在这第二阶段，你继续按兵不动。仍然不要干预。当你一连几个小时都不采取任何行动的时候，回想一下我们在第一章里曾说过的那段话：“决定孩子一生幸福的首要因素就是家庭关系。在你们之间建立一个牢固而又积极的情感纽带是第一要务。”

这一阶段，你唯一要做的事情就是：帮助你的孩子培养一种归属感。归属感是抗压能力的基础。它是我们已知的防御自杀、暴力和吸毒最有力的屏障。顽童需要锻炼出百折不挠的意志，而最能塑造他们这种品质的人就是你。

归属感可以抚平孩子的恐惧感——他们害怕被拒绝、被孤立和被遗弃。顽童比平常孩子更容易产生这类恐惧感。而家庭生活中的混乱往往会削弱归属感。在第二阶段，我们要考虑如何巩固这种归属感。

想要提高孩子的抗压能力，同时培养他们的归属感，家长们需要：

1. **制定培养归属感的策略**
2. **养成合作的习惯**
3. **明确提出你的期望**

（第二点和第三点将在稍后的章节中展开）

制定培养归属感的策略

接下来的内容将为你详细罗列归属感对于不同类型的顽童来说意味着什么。你可以参考这个清单来确定你的孩子的特别需要，这会有助于你设定努力的方向。

各类顽童对于归属感的需求特点
什么是正常的归属感
操纵型 自我——可以和他人坦诚相处，并允许别人看到自己的弱点。 家庭——能保持孩童的天真而不是摆出小大人的模样，不是每件事都必须争风头。 学校——遇到不公平的事情能直言不讳，不通过不光明的手段达到目的。 朋友——有同龄的密友。 共性——渴望成功又不惧怕失败。
谈判型 自我——精力充沛，专注于实现正面的目标。 家庭——能给人带来欢乐，又懂得适可而止；能够表达情感，同时获得他人真心的关爱。 学校——找到发挥长处的正当途径。 朋友——和各类人交朋友，而不只是与兴趣相似的人交往。 共性——擅长讨价还价。
辩论型 自我——能自食其力。 家庭——感觉被爱、被需要和被聆听。 学校——能体谅他人的需要，部分时候能做到不提出太多异议，听从老师的安排。 朋友——偶尔能谦让朋友一些而不感到委屈。 共性——爱反驳和辩论。

续　表

什么是正常的归属感（接上）
竞争型 自我——自立并能够面对错误和失败。 家庭——肯向家人求助和帮助家人。 学校——成功但不跋扈。 朋友——有固定的朋友。 共性——渴望成功但也会犯错；偶尔能接受失败；会尝试他不擅长的活动。
冒险型 自我——能保证自身安全，能预估、判断危险和风险。 家庭——允许家人知道自己的计划。 学校——能专心应对挑战。 朋友——有不同类型的朋友，包括爱冒险的和不爱冒险的。 共性——享受刺激的感觉，渴望充满冒险的亢奋生活。
消极型 自我——开放地与人交流。 家庭——肯在某些问题上敞开心扉。 学校——至少能和某一位老师述说心事。 朋友——有几个可以信赖的朋友。 共性——爱独来独往，但也有流露真我的时候。
什么是异常的归属感
操纵型 自我——总想出风头或者误导别人对他的看法。 家庭——行为像成年人，有时比父母还像父母。 学校——鬼鬼祟祟。 朋友——只有短暂的友谊。 共性——为了得到成人的认同，不惜排斥同龄朋友。信奉“胜者为王”。
谈判型 自我——冷酷，不顾及他人感受，缺乏同情心。 家庭——蔑视家规和父母的要求。 学校——认定自己不擅长学业，而放弃努力，用哗众取宠的方式获得“成功”的感觉。 朋友——把别人对自己的喜爱当作筹码，用感情来威胁他人。 共性——不信任任何人。

续　表

什么是异常的归属感（接上）
辩论型 自我——不接受别人的好意，极为记仇。 家庭——和兄弟姐妹关系不好。 学校——没完没了地和老师争辩。 朋友——除了战友之外没有真正的朋友。 共性——报复心重。
竞争型 自我——孤独、孤立。 家庭——总闷在房间里，不参加家庭活动。 学校——抱有“不惜一切代价达到目的”的心态。 朋友——爱吹牛、攀比和幸灾乐祸，会采用不体面的手段达到目的。 共性——只做自己擅长的事情。
冒险型 自我——缺乏自我保护意识和对他人安全的考虑。 家庭——很难接受家人的关爱。 学校——在课堂上注意力不集中。 朋友——爱和同样冲动的朋友往来。 共性——随心所欲。
消极型 自我——孤独又神秘。 家庭——不参加家庭活动，也不和家人谈心。 学校——爱丢东西，和谁都不亲近。 朋友——没有知心的朋友，或者和同样不合群的同龄人在一起。 共性——自闭。

培养顽童的归属感是需要时间的。首先应当考虑如何改善你和孩子之间的关系。有一位父亲采用了每天和儿子一同玩半个小时电脑游戏的方法，另一位母亲则开展了一项让每个家人都感受到关爱的活动。

有句古话说得好：“如果你坚持做同样的事情，就会巩固和累积每一次做的成果。”

想要获得亲密的家庭关系，你首先要让自己和孩子之间亲密起来。想想有什么事情是你和孩子都喜欢做的，然后一起去做。这件事必须是打破常规的。不妨每天雷打不动地留出至少二十分钟时间让孩子来决定做什么，并且在这段时间里让你自己完全听从他们的指挥。以下是一些推荐活动：

有助于培养顽童归属感的活动

- 一起做饭。
- 让孩子教你玩电脑游戏。
- 学乐器。
- 锻炼。
- 看比赛。
- 参加体育队。
- 练习杂耍。
- 加入童子军。
- 一起看电视。
- 散步。
- 玩纸牌。
- 下棋、玩多米诺骨牌。
- 照顾宠物。
- 露营。
- 收集东西。

小 结

■ 归属感是抗压能力的基础，是抵御各类自残、暴力和吸毒的最佳屏障。

■ 观察孩子是否存在异常的归属感。

■ 寻找培养归属感的机会。这可能需要一段时间，但它是家庭稳定的基石，值得付出时间。

第十六章　转变第三步：创造合作文化

顽童的父母们经常抱怨说，家里时常被低气压所笼罩。这种生活充其量算是过活，还不能称之为生活。父母对孩子不敢抱有太高的期望，甚至已经放弃了对和谐生活的向往——太多的争执、分歧和叛逆粉碎了他们的憧憬。

> 哈蒙夫人在谈到她那脾气如暴君一般的女儿艾米丽时说："我们每天的生活都如履薄冰。每次我们要求她去做什么事情都会引发一场战争。气势汹汹的指责及各种要挟、恐吓就会轮番上演。直到有一天，我们终于放弃让她做任何事情，也不再试图让她参与任何家庭活动。渐渐地我们开始尽可能地远离对方。这种日子太难熬了，她自己也不好受。"

争取合作

想要让孩子养成合作的习惯，你自己首先要对家庭生活有更高的心理预期，要对孩子提出更多的要求。如果你不给他们提供帮助你的机会，他们怎能学会合作呢？

很多顽童的家长都不敢对孩子提出太多要求。他们不是没有尝试过，通常的结局都让他们觉得得不偿失。可问题是这样一来，家庭的和谐等于是建立在牺牲而不是互助的基础上了。父母先要在日常生活中尝试提出一些很小的要求，然后才有可能促成更大的合作。因为顽童知道，一旦帮过某人一次忙，那么今后就很有可能再为这个人做其他事情。很少有人愿意请顽童来帮忙，他们的老师和家长已经不敢再指望了。因此，起点不能太高。

无论是什么样的要求都应该用礼貌的方式表达出来，事情可大可小，例如：

> “莎莉，你能把盐递给我吗？”
> “杰克，你能不能去商店买点黄油？”
> “琳，可否请你帮我把这些脏衣服送到洗衣店去？”

在有顽童的家庭里，不是每个请求都会获得例如“好的，妈妈（爸爸），我马上就去。”这样积极的回答。关于这一点，你要有心理准备，这是可以接受的。

我们即将踏上的是一条双向行驶的公路。这意味着，你不仅要更多地要求孩子，同时也要更多地答应孩子。

当你对孩子的要求遭到类似“没门”这样无情的拒绝的时候，不要立刻发作，而是要报以温柔的一笑，然后轻声说：“没关系，感谢你的考虑。”然后走开。不要留在原地，更不要陷入争执——你之所以向他们提出要求是为了营造更加积极的家庭氛围，不是为了发动一场战争！

为孩子示范合作

顽童的父母们经常告诉我，他们因为无法预料事情的结果，所以通常只能对孩子的多数要求说“不”。现在，请做这样一个尝试：把凡事都拒绝变成凡事都答应。

让孩子培养合作的习惯意味着你自己首先应该经常合作。不妨找出特定的某一天来满足孩子的所有要求。无论他想要怎样，你都同意！这看似简单，实则可怕。例如，他会问你：“我想去参加派对。”你回答说：“好的，我去拿外套。”他又说：“我不想去上学。”你回答：“没问题，那我们去做什么呢？”他再说：“我想坐飞机去非洲。”你说：“好主意，让我们一起想想办法。”如果他说：“我想要吃田鸡腿和冰激凌当晚餐。”你不妨回答：“好啊，我去搞定冰激凌，你去找田鸡腿。”

明白了吧？无论他们提什么要求你都要答应下来。这样很可能要不了一天，他们就会受够了你的顺从，八成以为你不是吃错药了就是精神严重失常了。“不入虎穴，焉得虎子”，没有绝对的恒心，哪有心甘情愿的合作？

其次，你还要为孩子示范你希望看到的行为。孩子最爱模仿大人。顽童对身边的环境尤其敏感。如果你希望他们过上平静踏实的生活，你自己首先要树立平静踏实的榜样。还记得我们在第一章里做过的那个比喻吗——两条鳄鱼相遇，必有一场恶战！

总之当你不再按照他们的游戏规则来玩的时候，顽童们会非常困惑。他们拥有多年和你作对的实战经验，所以非常善于应对你的愤怒。如果孩子和你顶嘴、反驳你甚至侮辱你，告诉他：“我给你两分钟时间冷静一下，如果你无法平静地表达你的观点的话，我会马上走开，你什么时候平静了再来找我吧！”如果他们还是一副怒不可遏的样子，就真的走开。留在原地对孩子龇牙咧嘴或者逆来顺受对你没有任何好处——只会让情况恶化。

有些家长发现，设计一种动作或者一个暗号来代表“让我们先不谈这件事，都冷静十分钟再说”，对帮助顽童培养合作的习惯很有用处。

如何帮助不同类型的顽童养成合作的习惯

同处理顽童的其他问题一样，知己知彼方能百战百胜。你首先要了解自己孩子的特点，然后才可能营造出积极的家庭气氛。

操纵型

操纵型的孩子通常热衷于讨好成年人，因此表面上的合作很容易获得，但发自内心的顺从就需要时间了。你可以肯定他们的协助，但不要疏于监督。在六个星期之内，不要给他们任何私底下搞小动作的机会。

谈判型

想要谈判型的孩子能与你合作可不是一件容易的事情。他们那种“这对我有什么好处？”的态度容易让你产生强迫他们的冲动，但务必要忍耐。你要用六个星期的时间来说服他们——做一个合作者要远胜于做一个谈判者。选择专攻一两个方面来培养他们的合作精神。明确提出你的要求，然后坚决执行，绝不动摇。

辩论型

他们是最爱挑毛病的一群！辩论型的孩子惯于为了谁该做什么或者谁占了便宜而争论不休，他们的词典里找不到“合作”这个词。所以你要不遗余力地去帮助他们，却不能要求任何回报。等到他们对“合作”有了一定概念之后，再开始提出一些简单、务实的要求。

竞争型

合作是竞争型孩子的天敌。虽然你改变不了他们的争强好胜，但你至少可以引导他们通过合作来取得成功。不妨让他们多参加一些社区服务，由此获得他人的肯定。在家里则可以把一些协助他人的任务交给他们来完成。

冒险型

冒险型的孩子并非只知道鲁莽行事，他们更是心地善良的孩子。你托付给他们的事情越是紧急，他们就会越有兴趣。如果这项任务同时还具有极大的挑战性的话，就更对他们的胃口了，例如："马上就要开饭了，你能不能在最短的时间内把鱼喂了？"

消极型

合作就免不了要与他人互动——这正好是消极型的孩子最想逃避的事情。拜托他们照顾弟弟妹妹或者家里的宠物是最合适的开端。你要明确表示你不会接受例如"我一会儿去做"这样的敷衍之词。要反复催促他们并及时给予表扬。如果你能让这些孩子走出自我封闭的话，等于是为他们的未来奠定了良好的基础。

来一场神秘之旅

培养合作习惯的另一种途径就是打破家庭的常规。我接下来要介绍的这种策略已经被很多家庭证明是成功的，我甚至建议你每年在孩子身上至少使用一次。

其步骤是这样的：邀请孩子和你一起外出，但事先不要告诉他你们将会做什么，只说："我想让你今天和我出去一趟，我有几件事要办。"

如果选择非休息日，那就更好了。带孩子走出你们熟悉的地区，吃顿午餐，看场电影，去郊游，逛博物馆，听场音乐会，去教堂坐坐，一起打牌，甚至去试驾你永远不可能买的车。总之去一些你通常不会带他去的地方。如果孩子抱怨无聊的话，你可以微笑着回应，表示理解。

在这一天当中，你要不时更换活动的项目。如果孩子对某项活动不感兴趣，就告诉他："别担心，我们还没正式开始呢！"同时暗示还有很多活动在等着他。如果他吵着要回家，就请他再耐心等一小会儿。如果他强烈抗议的话，就提出送他回学校去。

之所以要安排这么一场神秘之旅，是因为顽童习惯于一切尽在掌握，出乎意料的事情不经常发生在他们身上。打破常规可以让他们体验到不同的生活方式，同时也提醒他们外面的世界远比他们想象的要精彩得多。

如果你的孩子有完美主义倾向的话——表现为凡事都必须完全符合他的要求——那么家长可以考虑经常开展这类神秘之旅。

出其不意是完美主义倾向和过度控制欲的最佳解药。

我们的宗旨是要让孩子体验到不同的生活方式，所以关键不在于要把他们所有的愿望都在一天中实现，这不是专供溺爱的一天。当然，如果你能穿插一些他们喜欢的活动的话，可以避免遭遇太多的抵制。

当然，已经习惯了掌控一切的顽童们不会轻而易举地放弃主动权。不过，这种神秘之旅足以让他们体会到生活是可以充满惊喜的。

小　结

培养合作的习惯：

■ 这种习惯不会在家里自己形成——需要你去创造。

■ 想要培养孩子合作的习惯，你必须给他提供帮助你的机会，并为他们示范怎样与人合作，同时在家里鼓励互相帮助。

第十七章　转变第四步：开创互动新模式

心想才能事成。在开创新局面之前，你首先要确定是改变自我还是改变孩子的具体目标。

确定目标

用三句话或者更精练的语言来概括你的目标（记录在后面的表格里），而且每次只设定一个目标。注意：不要用消极的字眼去叙述积极的目标。例如，不要把目标定为“我想要他停止逃课”或者“我希望她不再欺负弟弟妹妹”，而是变为“我想让他好好上学”或者“我希望她能友善地对待弟弟妹妹”。

目标应当是简洁明了的，侧重于创造积极的局面而不是终止消极的现状。反复审视你设立的目标，考虑是否还能够进一步简化或者具体化。目标范围越大，失败的可能性就越大。如果可能的话，目标越细化越好，并把以前尝试过的所有不成功的方法都罗列出来，以提醒自己以后不要再用。

谈判型的孩子（也就是所谓的“巴特一族”）很善于转移话题来回避问题，他们会把你耍得团团转，所以目标越少越好。每六个星期实现一个目标或者最多两个目标是大多数父母的能力极限。还记得龟兔赛跑的寓言故事吧？乌龟胜在持之以恒，所以勇敢地向乌龟学习吧！

在实施第四步的阶段，你要注意观察孩子的规律。你的任务是总结什么情况下不会出问题。不必留意那些出问题的时候——哪种状况不妙你早就知道了。要知道，比解决问题更高明的方法是避免问题。如果我们能知道什么情况下不会引发矛盾的话就等于是离解决问题更近了一步。

例如，孩子什么时候心情最好？什么情况下他们会表现得平静又友好？或者什么理由足以让他们从自己的房间走出来和你交谈？

多数父母在初次被问到这种问题的时候都会不以为然地耸耸肩说："这很简单，当他们如愿以偿的时候。"或者在大笑之后回答说："他总得有睡觉的时候吧！"相比之下，家长们很有必要仔细反思一下。

几乎所有我接触过的顽童身上都可以找出矛盾发生的根源和恢复平静的办法。如有必要你可以复制下一页上的表格，试用一个星期看看效果如何。

密切关注那些风平浪静的时段。父母们很容易被矛盾转移注意力，从而只顾分析问题的症结，这会导致他们错过解决麻烦的契机。如果你发现某些做法能够缓解矛盾的话，不妨多做一些这类的事情。

小　结

- 坚持做同一件事情，就能巩固和累积每一次做的成果。
- 设定直截了当的目标。
- 观察孩子的一举一动，找出“风平浪静”的时间。

帮助顽童开创新局面

你的目标（你最想鼓励的行为）：

____

____

____

现有不良表现（你希望减少的行为）：

____

____

____

日期	平静的时间段	当时的具体情况
星期日		
星期一		
星期二		
星期三		
星期四		
星期五		
星期六		

第十八章　转变第五步：巩固积极新模式

千百年来，父母手中所握有的制约子女的最大法宝就是威慑、贿赂和转移注意力。这些手段对于普通家庭来说或许仍然适用，但对于顽童来说就不怎么好用了。

顽童的处世哲学是“连本带利返还”。你对他们发火，他们会比你还火大，而且还理直气壮。如果你改用贿赂，结果是连最基本的家务劳动也代价巨大。倘若你试图操纵或者命令他们，他们要么公开违抗，要么阳奉阴违地跟你玩“猫捉老鼠”的游戏。

在顽童的家庭里，我们必须放弃威慑、贿赂和转移注意力等传统的方式，改用称赞、习惯和鼓励等积极健康的方式。有一个禅宗的公案（禅宗将历代高僧的言行记录下来，作为坐禅者的指示）很好地概括了对顽童的教育原则：

> 摊开手掌紧握。

这里我的意思就是说，要以宽松的方式去引导顽童的行为。在不引发矛盾和不满的前提下，运用你的能力去建立家庭常规和习惯。你无须具备：

> 曼德拉的耐心。

拿破仑的坚定。

南丁格尔的细致。

所罗门的智慧。

特丽莎修女的博爱。

成吉思汗的韬略。

你只需要学会运用惯例。

惯例

所谓家庭惯例就是无论发生什么情况全家人都固定要做的事情，它和归属感一样是培养顽童抗压能力的基石。惯例可以是简单如周日午餐、饭后散步、周二电影夜或者去看望奶奶这样平凡的小事，不见得总是那么有趣。惯例的威力在于它是在向顽童们传递一个信息：无论是谁都必须遵守家里的规矩。

惯例无须经过讨论或者争执来决定，更不容许讨价还价。这类活动只要父母们决定了就必须执行。惯例是家庭生活长河中必经的礁石。

民主机制并不适合家庭生活，温和的独裁主义反而更行之有效。在惯例的问题上，父母无须征求孩子的意见。惯例可以是一起度过的快乐时光，也可以是保持家庭生活秩序的日常琐事。

让我们来看一下经常遭遇顽童抵制的三类家庭惯例：

1. 早晨起床

2. 日常清扫

3. 团聚时间

1. 早晨起床

为了确保孩子准时上学，我们必须在八点之前走出家门。早上七点三十分，一场战争正在浴室里爆发。其中一个孩子起床晚了，另一个已经吃完了早饭，开始抱怨其他人的耽搁，还有一个孩子在吵着需要一顶特别的帽子，好去参加某项活动。这时我体内的皮质醇和肾上腺素同时达到了前所未有的水平。连我们家的猫都被这种混乱氛围所感染而紧张得在地毯上呕吐起来。

此情此景是否让你有似曾相识的感觉呢?

类似的闹剧每天早上都在无数家庭里上演。时间的紧迫和压力的增大会导致调皮的行为达到顶点。父母犯的最典型错误就是试图在过短的时间里完成过多的事情。

有位妈妈告诉我，由于每天早上都要忍受这种折磨，以至于每到上午九点钟，她都感觉自己急需注射一剂强效的镇静剂或者威力更大的药物。无奈之下她想出了一个非常极端的解决办法——彻底更改她家的生活习惯。以前她都是在早上六点半起来，然后为了确保所有人能准时出门而和孩子展开生死搏斗。她决定从此把早餐改为一天中最重要的一餐。她对我说："我曾经在某处读到过，早餐应该吃得像个皇帝，午餐像个王子，晚餐像个乞丐。所以我决定重新安排我们的生活，我改在四点半钟起床，然后做一顿天下最丰盛的早餐。在经过了前一晚极其简单的晚餐之后，一觉醒来闻到那弥漫整栋屋子的饭香，足以让任何懒惰的人从床上一跃而起。这样一来，不到七点钟，所有人就都已经在桌前坐好，开始享用一天中最正式的一餐。上桌的前提条件是所有人都必须洗漱完毕。以前我们都是在晚餐的时候谈论这一天中的大小事情，如今我们改为在早餐时畅谈对崭新一天的预期。”

你不见得非要采取如此极端的手段。除此之外我还从这位母亲那里学到一些其他的窍门，曾经推荐给了很多顽童的家长们。

确保你家的顽童获得充足的睡眠。

确定早上起床的最佳时间，然后围绕着这个时间来安排一天的活动。你可能要花上几个星期才能把这个时间固定下来。别着急。重点在于起床的时间而不是上床的时间。先把起床的时间确定下来，然后再去确保所有人都能按时上床。

做一顿丰盛的早餐。

这不仅有助于改善顽童们的心情，还会让他们在学校里学得更专心。坐下来享用早餐的前提条件是必须梳洗完毕。有些家长反映孩子早上不饿，尝试减少晚饭的供应量看看会有什么结果。

让孩子伴着音乐醒来。

在孩子起床前半个小时，播放你最喜欢的音乐，把音量开大。一位父亲告诉我，他那十几岁的儿子不惜从床上爬起来去把音乐关掉。

留出充裕的时间。

别指望能在很短的时间里让顽童们乖乖听话。你固然可以去挑战竞争型和冒险型的孩子，贿赂辩论型的孩子，哄骗消极型的孩子，表扬操纵型的孩子乃至玩转谈判型的孩子，但你肯定不想每天早上都这样麻烦。

在我的前一本著作《培养真性情》中，我曾列举过父母们最常用的叫孩子起床的方法，这里让我们借用一下。

十大起床法

1. 把你的老唱片用最大音量播放。

2. 请孩子的朋友来吃早饭。

3. 让狗跳上孩子的床。

4. 让更大型、更可怕的动物跳上孩子的床。

5. 对着录音机大喊“快起床”，然后反复播放。把录音机放在孩子卧室的门口然后悄悄走开。

6. 全家人在孩子的房间里吃早餐。

7. 偷偷溜进孩子的房间把他们的闹钟拨快几个小时。家长们反映这种办法只能用一次，但实在太好玩了，所以值得一试。

顽童和她的心理医生们

8. 如果孩子有手机的话，在早上给他们打电话。事先故意让他们把手机留在卧室之外的地方，这样一来他们只能从床上爬起来去接电话。

9. 进入孩子的房间和他们谈天说地，直到他们起床为止。

10. 跳上床去给孩子一个拥抱。不过要小心：曾有一位妈妈因为躺得太舒服居然睡着了，结果害得自己上班迟到。

2. 日常清扫

日常清扫可能并不是你和孩子之间最大的矛盾根源，然而不少对父母的问卷调查都显示这是每日困扰家长的麻烦之一。

我接下来要介绍的这位妈妈在处理孩子的脏乱问题上采用的策略充满了阿 Q 精神。她是这样做的：

1. 把孩子的房间整理一新。确保窗明几净、一尘不染。
2. 给房间拍张照片。
3. 把胶卷拿去冲洗并放大到海报的尺寸。
4. 把大幅照片拿回家。
5. 关上孩子的房门。
6. 把照片钉在房门上。
7. 权当这就是平时的状态。

在让顽童执行日常清扫的任务时要非常讲究方法。即使是最公平的父母，当你费尽心思地编排了清扫分工表之后，也将面临：辩论型的孩子会抱怨你偏心，操纵型的孩子会争取特权，竞争型的孩子会逼你拿出一个足够有威慑性的惩罚方案来。在和成百上千的家长们交流经验之后，我得出一个结论，真正可行的方法只有一个。那绝不是放弃尝试，改为雇佣清洁工，而是专门设立某个固定时段用以清扫。

多数顽童的家长们发现，布置清扫工作的最简单办法就是，每周抽出一个小时的时间让家里所有人都一同努力让屋子变得干净整洁。有的家庭会把这一个小时当作家里的一件大事，让每个人都轮流播放自己喜欢的音乐，在清扫结束之后还可以享用一顿特别的午餐或者晚餐。这项活动最大的优点就是向顽童传递了一条信息：所有人都是这个家庭的成员，应该互相帮助，齐心协力。

3. 团聚时间

这是最重要的一条惯例，因为它关乎孩子归属感的形成，而归属感又是抗压能力的基础，同时，抗压能力则是通向未来成功的钥匙。即便你的家庭属于某个民族或者宗教团体，会每周固定参加他们的活动，也还是有必要建立一些专属于你们家的惯例，无论发生什么情况或者孩子表现怎样恶劣，都不会更改。

在和那些曾经是顽童的成功人士的交谈中，我问到有哪些因素在他们的成长和成功的道路上带来了帮助。他们通常都会提到家人对自己的爱和鼓励，而当我进一步询问是什么让他们感到被爱的时候，他们都提到家里的某项传统和惯例。正如前面提到的，“惯例就如同是相框，让你把童年最美好的回忆挂在墙壁上。”

有两类惯例很值得借鉴：

1. 属于全家的活动，例如共进晚餐、一同散步、一同玩游戏或者一起看某个电视节目。选择一项每个人都能参加并且喜欢的活动。不一定要破费，最好的活动往往不需要花一分钱。

2. 属于两个人的活动。由于顽童容易陷入争夺关爱的恶性竞争之中，因此安排一些一对一的时间可以缓解这些消极对抗。找一些最适合你和单个孩子做的事情。如果你是有几个孩子的单亲家长，我建议你轮流带他们出去，找人来帮你看其他孩子。这会让你和每个孩子都更亲密。

小　结

培养顽童的良好习惯意味着：

- 确定你想要看到的转变。
- 观察不引发矛盾的条件。
- 创建新的家庭惯例和相处方式。

第四部分

从顽童到天才：天才养成的四个习惯

人生如同起舞，我们每个人都有自己的节奏和舞步。顽童尤其喜欢特立独行。毫无疑问，他们会绽放出自己独有的光彩来。

父母对顽童的影响力是不可低估的。我接触过的大多数顽童长大之后都继承了其家庭的传统和习惯。

在接下来的章节中，我们将探讨：父母该如何运用自己的影响力，去帮助孩子培养会为他带来成功的良好习惯。

第十九章　与顽童一起战胜焦虑

在现今的西方社会里，童年时光主要是在室内度过的。因为追逐嬉戏而摔得鼻青脸肿或者在家附近的空地上挥汗如雨地打球已经变成了上一代人的回忆。如今的孩子习惯于电子交流，同时做好几件事情，父母不但很难监督他们的行为，很多时候连孩子到底在做什么都不知道。

很多父母都考虑过要把电视、电脑等电子产品从孩子的生活中清除掉，我倒认为其实有很多更好的办法可以为孩子的未来做好准备。在这个充满机会的世界里，我们必须先学会分辨哪些才是对我们有益的选择。

当今的年轻人很大程度上是有史以来知识最丰富、最受保护的一代人，然而这似乎并没有给他们带来太多的满足和启示。

借用著名幽默作家 P.G. 伍德豪斯的一句话："他们不是不满意，他们只是远远没有满意罢了。"

他们这一代

在采访年轻人的时候，我请他们概括自己这一代的特点，以下是我得到的普遍回答：

不尊重长辈。	对朋友的依靠胜过对家人。
离不开科技。	有更多获得帮助的途径。
犹疑不决。	利用他人。
自我中心。	包容差异。
目光短浅。	适应性更强。
多疑。	不负责任。
更活跃。	什么都知道。
不成熟。	过度的社交生活。
道德观念淡薄。	懒惰。
成长压力更大。	缺乏专注。
父母监管更松。	深受美国文化的影响。
更强的经济独立性。	世界日渐乏味，因为所有的可能性都已经被人尝试过了。
对成年人要求更多。	

这实在不是一个让人满意的自画像，是不是？

这些特征有些可能只是暂时的，会随着年龄的增长而消失，但有几种特质是稳定的：

> 他们依靠外部环境的刺激来获得挑战。
>
> 他们只有短暂的注意力和专注力。
>
> 他们需要立即获得回报才有足够的动力。
>
> 他们对陌生人和政府机构缺乏信任。
>
> 他们知识丰富但是经验不足。

他们对学习抱以“现学现用”的态度。例如他们会反问你：“既然我随时都可以从网上下载，为什么还要急着现在学呢？”

你或许认为这很正常，因为自古以来成年人就喜欢抱怨年青一代今不如昔。也许你的看法很有道理，但我认为至少有一个变化是前所未有的：年青一代正生存在一个充满恐惧和焦虑的时代环境。世界安全的不确定性显然在他们身上烙下了印记，现今社会对资讯的重视和对经验的轻视进一步加深了这种不确定性。

这其中最容易受社会背景影响的就是顽童，因为他们更加敏感：他们讨厌被命令，抗拒父母的安排，不会对愤怒和冲突逆来顺受。无论发生什么情况，他们都会做出反应。我们在这部分要探讨的生存能力会帮助顽童们找到属于自己的舞步，而不是去盲目跟随他人的节奏。

顽童也爱焦虑吗？

我们通常只注意顽童们精力充沛、意志坚定的一面，很容易误以为他们不会陷入焦虑。事实上，表面的暴躁往往是对内在焦虑的掩饰。

大概有三分之一的顽童都承认经常焦虑。当然，让冒险型的孩子偶尔尝一尝焦虑的滋味或许不是什么坏事，但如果过度焦虑的话，又会导致他们丧失尝试新事物的勇气，或者干脆放弃参与他们认为存在挑战的活动。

个性十足的孩子通常对自己在社会环境中的位置非常敏感。频繁地评估自己和他人之间的差距容易打击自信心、引发嫉妒或者惧怕失败。这种衡量还有可能导致自闭和被孤立。

顽童在担心什么？

随着孩子的成长，他们担心的事情也在发生变化。小孩子最害怕例如怪兽这类幻想出来的事物以及和父母的分离。等到上了小学之后，他们开始担心自身的安全和学业上的表现。在小学后期，他们的忧虑则转为和同龄人的关系。在青春期阶段，学业是大多数青少年最大的困扰。

解除孩子的焦虑

如果孩子问你："今天晚上你会回家吗？"一个完全诚实的回答应该是："我有 99.9% 的把握会回来，但是如果发生什么可怕的意外的话……"没有哪个家长会笨到这样回答孩子的问题。孩子需要你承诺一定会一直照顾他们才会感到安全。

有些孩子害怕和父母分开。这有时候会表现为不想去上学，而且喜欢像帽贝吸附在岩石上一样黏着父母。家长们最好尽早思考"我怎样才能让孩子相信我不会离开他们呢？"

顽童的家长也在焦虑！

哈哈！你从来没想过这一点吧？你是否正在担心孩子不合群？是否会健康地长大？学习好不好？有没有朋友？有没有异性朋友？懂不懂得谦让？类似的问题还有很多，父母忧虑的事情简直无穷无尽。

尤其是自从"9 · 11"恐怖袭击之后，我发现美国年轻人的忧虑明显增多。这主要表现为他们不愿意尝试未知事物，不想冒险结识新朋友，也不喜欢在学校参与可能会遭遇失败的活动。

要想让顽童取得成功，我们必须发挥他们的长处。他们最大的优势之一就是勇气。能够在这个充满危机和焦虑的时代保持自己的勇气和坦诚是通向成功的必经之路，而顽童的领导才能则是他们的另一大优势。

当今社会普遍夸大成功的难度，令这种弥漫在整个西方世界里的焦虑感进一步加重。如果你也开始相信这类说法的话，同样会被恐惧传染，因此感到“不堪重负”，这会让你的孩子也以为成功是望尘莫及的事情。

作为顽童的家长，你要担忧的事情就更多了——例如你们家的宝贝经常被学校批评，上课时坐不安稳，在你希望他们好好表现的时候却给你丢脸，人际关系方面也经常遭遇危机……

不管怎样，都不要丧失对孩子的信心。要知道，只要他振作起来就可以改变世界，一旦他下定决心就没有不可能的事情。

为什么我们的焦虑越来越多

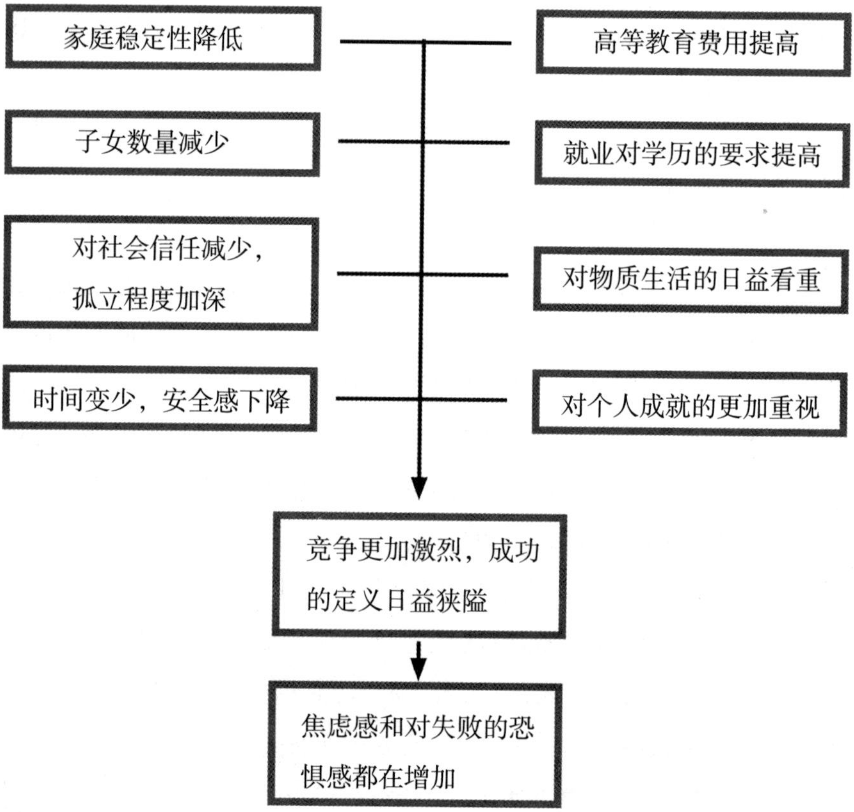

小 结

- 我们生活在一个焦虑的时代。
- 顽童其实更容易忧虑，只不过这忧虑被他们的表面行为所掩盖。
- 用积极的态度和孩子谈论人生和世界的局势。
- 积极地看待未来，为孩子树立榜样。

第二十章　帮助顽童建立自信

有些顽童特别能够激发出他人性格中最不美好的一面，结果导致他们自己的自信心遭到打击。有些顽童则是把全部的信心都建立在非常苛刻脆弱的基础上：例如，竞争型的孩子想要保持长盛不衰，操纵型的孩子总想去讨好成年人，而谈判型的孩子则不能接受别人比自己聪明。

顽童需要父母来帮助他们培养自信。

思想决定行为，因此你首先要帮助顽童们树立积极的生活态度。方法之一就是把“海豚思维”和“鲨鱼思维”的概念引入你们的家庭生活。“海豚思维”指的就是会带来积极结果的正面想法，“鲨鱼思维”则是会吞噬你的自信心的负面想法。如果你发现孩子呈现出“鲨鱼思维”的话，立刻进行干预并引导他们培养一些“海豚思维”。

在顽童身上寻宝

去发掘孩子身上的兴趣、特长、优势和才能吧！经常和他们谈论相关话题。充分发挥他们的长处，多给孩子一些鼓励和赞扬！

关系融洽的家庭往往不缺乏相互之间的鼓励。亲人之间经常互相夸奖，肯定对方的努力，空气中充满了乐观的味道。当然即便是在如此和谐的家庭里，也免不了会听到有些顽童用一句简单的“嗯，妈妈（爸爸）”来回应父母的褒奖。

因此，让顽童学会自我肯定非常重要。办法之一就是在他们取得成就或成绩的时候询问详情，例如：

“你是怎么做到的？”

“为什么你的考试成绩这么好？”

“你都做什么了？”

“你是不是背着我偷偷努力了？”

起初孩子可能会误以为你在怀疑他们成绩的真实性，因此你要明确表示绝非如此。这类询问会促使孩子讲述自己成功的经验，通过回答你的提问，他们等于是在自我表扬。

如果所有的夸奖都来自家里人，孩子会觉得没有价值。如果要他们自己说出成功的原因，就必须通过语言来表达——当表扬的语句从他们自己口中说出来的时候，分量就重多了。

这种自我肯定的能力对促进学业尤为重要。成绩优异的孩子通常把成功归功于自身的努力，而那些缺乏自信的孩子往往把成功看作意外或者偶然的运气。即便像辩论型、操纵型和竞争型这类极度具有竞争天性的顽童，也容易低估自己成功的含金量。

自信心不仅仅意味着在取得好成绩的时候自我肯定，也包括总结经验好为下次成功制定策略。为了鼓舞孩子的自信心，家长们当然应该庆祝取得的成绩，但光是这样还不够。我们还应该问孩子：

> 你接下来的目标是什么？
> 你打算如何实现目标以及有什么愿望？
> 你为了实现目标打算付出哪些努力？
> 如果最终实现目标，你会有何感受？

增强自信的途径之一是在童年后期或者少年初期拥有某项特长或者才能，并且经常受到高度的表扬。尤其是如果这项特长恰好还是孩子感兴趣的事的话就更加有利了，父母可以进一步鼓励孩子去精益求精。在青春期成功地从事一份兼职工作也能给孩子带来很多信心。

> 除非你自己放弃，否则任何人都无权打击你对自己的信心。
> ——埃莉诺·罗斯福

乐观的语言

和谐的家庭会让孩子养成乐观的天性。所谓乐观就是把成功视为个人努力的果实、个人能力的证明和综合素质的成果。简单地说，乐观主义者会把人生当中所有如意的事情都归功于自身，而把所有的不如意都归咎为外部因素，例如运气、命运或者他人的干预。悲观主义者则对一切失败自我问责，却把积极的结果都视为外部因素的帮助。

举例说，如果一个孩子的作业获得了很高的分数，乐观的解释是："我凭借自己的能力和奋斗才获得了这样的好成绩，看来我很适合学习。"而对同样结果的悲观解释则是："老师在批改我的作业时恰好心情很好，所以才没有发现我犯的那些错误，否则绝不会给我这样高的分数。”

在乐观者看来，好成绩是自身能力的证明，是自己素质的一部分，换作别的事情他很可能会同样出色；而悲观者则认为成功根本不受自己的控制，都是因为运气和老师的心情这些外部因素才会发生，所以不可复制。

同样道理，在遭受失败的时候，例如没能流利地演奏一段乐曲，乐观的孩子与悲观的孩子反应也完全不同：

乐观的解释：“我没有足够的时间来练习，下次我会多投入一些精力去改进。”

悲观的解释：“我就是不擅长吉他”“我是乐盲”或者“我很笨”。

在乐观者眼中，失败不但是暂时的，而且是可逆转的；而悲观者则把失败归结为自己天生能力中的缺陷，是无法改变的。

父母自己对待成败的态度很有可能会决定孩子将成为一个乐观者还是悲观者。当然，过于乐观容易导致人看不到自己的缺点，但这仍然胜过过度悲观。乐观是一种可以培养的心态。

小　结

- 成功和自信同样具有感染力。
- 像寻找珍宝一样地去挖掘孩子和你自身的优点。
- 顽童身上常有被埋没的才华。
- 培养乐观的心态。

第二十一章　掌握自我意识和他人意识

顽童通常自己也搞不懂自己是怎么回事，因为这些风风火火的孩子很少有时间去反思和辨别自己的感受和想法。

顽童通过借鉴父母的观点来形成对世界的判断，因此你在孩子面前表现出来的生活态度至关重要。这乍听起来可能有点不可思议。你很难想象那个为了上床时间这样的琐事和你争论不休的孩子，那个可以为一点鸡毛蒜皮的小事跟你喋喋不休的孩子，居然需要你来帮助他认识整个世界。

> 一位父亲对我抱怨说他的儿子对上学不感兴趣，也不愿意尝试任何事情。我告诉这位父亲在接下来的一个星期里留意他自己的言谈，观察他自己的生活态度。后来他告诉我，他发现自己从一踏进家门开始就在抱怨今天过得多么痛苦，工作怎样劳累，同事们都是不值得信任的傻瓜，没人赏识自己的好点子，所以自己辛苦工作是白费力气等等。他笑着承认自己的态度其实和儿子一样消极，难怪无法说服孩子去改变。

自我评价的能力

三种主要的自我评价能力包括：

1. 能够辨别自己的情绪

2. 懂得如何处理情绪

3. 能够改变自己处事的态度

让我们来依次分析这三种能力。

1. 能够辨别自己的情绪

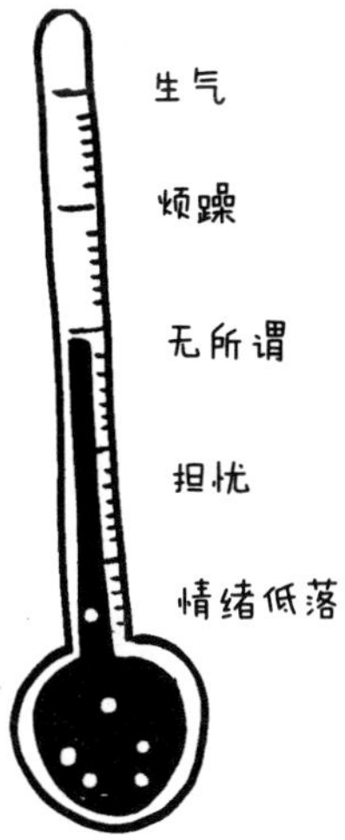

有一天我正在听一个学生谈论温度计，这让我突发奇想，如果能发明一个情绪温度计就好了。我们可以把它悬挂在每个人的房门外，这样所有人都可以据此判断他人的感受——那可真是太有用了。

普通孩子都可以在你询问他们感受的时候回答你说："我现在很不高兴。"但顽童就做不到这一点。你必须启发他们去辨别自己的感受，例如告诉他们："你看上去好像在担心着什么，是这样吗？"或者"光从你的表情上我无法判断你到底是生气还是难过，你自己知道吗？"

了解顽童情绪状况的方法之一就是和他们分享你自己的感受。例如表示："我现在很恼火，你是不是也不高兴呢？"只有正确地辨别自己的感受，才能够区分事情的主次。一个人如果不具备这种能力的话，会不分青红皂白地向身边的人发脾气。

无法辨别自身感受的顽童会做出连自己都无法理解的行为。父母要教会孩子运用回忆去找出某种情绪的根源。最适宜做这件事的时间是当一天结束的时候。例如，你可以问他们："今天早上当我们忙着出门上学的时候，你好像很生气，到底是为什么呢？"如果孩子用类似"不知道"

这样的回答敷衍你，不要容忍，要像个侦探一样地刨根问底："你是早上一起来心情就不好吗？还是早饭之后才开始的？是在你进厨房之前还是之后呢？"

我知道这听起来很麻烦，但是顽童本身只会倾向于认为所有情绪都是外界因素造成的，长此以往，他们会在每次心情不好的时候都怪罪别人，自己从不为情绪变化承担任何责任。他们需要家长的引导才能找到自身情绪问题的症结。

等到顽童具备了描述情绪的基本能力之后，就试着让他们为自己情绪的强烈程度打分，一分代表轻微的感觉，十分代表极强的感觉。像冒险型这样极度活跃的孩子，你还可以问他们为身体哪个部位而感到生气、难过、担忧或者愤怒。

2. 懂得如何处理情绪

鼓励顽童表达他们的感受，认真倾听，然后通过提问来激发他们更深入地与你交流。例如：

家长："你看起来很生气，我说的对吗？"

顽童："你不公平。"

家长："那就是说你承认在生气了？"

顽童："大概吧。你总是挑我的毛病！"

家长："你什么时候开始生气的？"

顽童："我想看电视。"

家长："所以你生气是因为我不让你看电视了？"

顽童："为什么其他人都可以看自己想看的节目呢？"

这段对话乍听起来好像是在兜圈子，但其实非常有意义。你应该已经注意到了这位家长并没有问孩子生气的原因，也没有试图解释自己不让他看电视的理由，而是尽可能地把对话的内容引向他的情绪。谈论情绪问题等于给他提供了发泄的渠道，增加了解决问题的可能性。这种谈论旨在向孩子示范除了大发脾气和一走了之以外还有其他处理怒气的方法。

顽童的父母有时候会忍不住想要快点解决矛盾，但刚才介绍的这种方法旨在帮助顽童更好地辨别自己的感受并学会和人交流。如果直入主题地去解决问题很可能会演变成争吵，甚至不欢而散。

3. 能够改变自己处事的态度

其实多数让你心烦的事情都是暂时的或者无须处理的，时间会解决一切。例如上个星期让你烦恼的事情到了今天可能早就被其他事情所取代了。生活总会继续。人们会逐步克服消极的情绪，所有感觉都迟早会过去。

尽管如此，有些时候还是最好能够主动去转变我们的心情。有两种方法可以尝试。一个是改变我们对某件事物的看法，有时只需换一种心态。例如："其实情况也没那么差"或者"我应该多去想值得感恩的事"——换句话说，就是用"海豚思维"来代替"鲨鱼思维"。

一位父亲告诉我他的女儿是一个典型的操纵型孩子，父女之间的矛盾从没有停止过，于是他决定把每日争执的内容限制在十件事之内。从此之后每当第一个矛盾发生时（这是不可避免的）他就会冷静地提醒自己说："少了一个，只剩九个了。"

转变心情的第二种方法是：把全部注意力都集中在这件事上。无论自己感受如何，都勇敢地直接面对，这通常已经足以解决问题。所以不妨找个安静的地方坐下来想一想自己的感受——生气、烦躁、悲伤或者忧虑。这会有助于缓解消极的情绪。你可以建议孩子安静地坐上十分钟仔细思考自己的感受，然后再和他们交谈。我经常推荐父母们读一读 W. 提摩西 · 高尔威（W.Timothy Gallway）的《心理游戏》一书，它可以帮助家长们理解这个过程。

判断他人的感受

能够辨别自身的感受对于顽童来说已经是巨大的进步，如果再能够判断并考虑他人的感受，将极大地推动他们的人生。

父母可以通过和孩子玩“侦探游戏”来练习判断他人的感受。例如，当你和孩子一起走在街上的时候，可以指着任意某个见到的人问孩子：“你觉得这个人现在心情如何？”或者“你猜一猜这位女士今天过得好吗？”电视节目、电影和杂志上人物的照片都可以用来帮助顽童学会阅读他人的表情。

在晚饭时回顾一天当中发生的事情可以帮助孩子理解他人的观点和态度。当听到一个人度过了快乐的一天，再听到另外一个人提到自己的一天过得有多么糟糕的时候，会让孩子产生同情心。

有几个家庭对矛盾发生的规律性产生了兴趣，他们制作了一张室内格局的平面图，把它贴在冰箱上，在一周的时间里，每次争吵之后都把发生争吵的时间和地点标注在图上。这能让所有人更清楚家里发生的事情。

小　结

- 父母是指导顽童评价自己和看待世界的老师。
- 帮助孩子时常停住脚步反思一下。
- 帮助孩子辨别自己的感受。
- 判断他人的感受是顽童必备的生存技能。

第二十二章　维持健康的情感

充满鼓励和安定的环境最适宜大脑的发育，然而在顽童的家里，愤怒、冲突、尖叫和戏剧化是每日生活必不可少的色彩。

处理愤怒

不懂得控制怒气的人很快就会丧失所有的朋友。

引导孩子抑制消极的情绪不是一件容易办到的事情，但这又是获得幸福的人生所必需的条件。父母应该让孩子懂得这世上还有比他们的脾气和情绪更重要的事情。如果孩子觉得只要自己一闹父母就会屈服，他就会反复利用这一点来达到目的。你希望孩子变成这样的人吗？

“头脑发热型”和“工于心计型”

孩子发泄怒气的方式主要有两种：“头脑发热型”和“工于心计型”。

“头脑发热型”孩子的怒气当场就会发作出来，他们不懂得控制情绪。这类孩子的情绪都写在脸上，怒气过去就过去了。

这种类型的孩子需要学会安抚自己的情绪。他们就像是加速良好但是刹车不灵的汽车：他们只知道如何大吵大闹，却不知道怎样给自己降温。

父母可以和他们讨论生气的感受和原因，并建议他们采用更适当的发泄方式。如果年纪较小的“头脑发热型”孩子要起脾气来，父母可以通过温柔但不失坚决的方式来制止，直到他们平静下来。（不过提醒一句：一旦你决定了要制止他们，就要一直坚持到他们真的安静下来，这可能要花上一段时间！）

“工于心计型”顽童要比“头脑发热型”顽童更懂得抑制冲动，他们表达情绪的方式更加“老谋深算”。他们几乎是在心里谋划着：“我要等到最让你丢脸的时候再开始发作。”超市里随处可见这种“工于心计型”的孩子——坐在地上威胁要一直闹到你屈服为止。你最好尽早让这类孩子明白：发怒不是获得关注和关照的正确手段。（再提醒你一下：当你决心要坚持立场、绝不屈服的时候，他们会闹得更凶，非常凶，但是过段时间就会好转。）

“情绪崩溃型”和“需要安抚型”

顽童会让你不由自主地陷入争执的旋涡当中。除非你早有心理准备，否则你会发现自己突然身处龙卷风的中心，为了某件你其实并不真的在意的事情而争得头破血流。

作为顽童的父母，你必须弄清楚你的孩子是属于“情绪崩溃型”还是属于“需要安抚型”。

“情绪崩溃型”

情绪崩溃是指任何语言都无法遏制住某顽童失控的情绪的情况。换句话说，你和孩子之间的矛盾升级到了一定程度，理智的商量已经是不可能的事情了。正如我之前曾提到过的，“两只鳄鱼相遇，必有一场恶战”。

情绪崩溃的征兆包括：

矛盾的焦点颇为随意地变换。

谈话的重点从试图解决问题转为企图发泄愤怒。

对话双方中的一方感到丧失安全感（这可能是你，也可能是孩子）。

出现暴力倾向或者暴力行为。

当孩子情绪崩溃的时候，首先要确保双方的人身安全，任何问题都可以稍后再说。

试着提前制订应对情绪崩溃的对策。真的出现崩溃时，你站立的位置很关键，你对孩子的了解也很重要。有些顽童在情绪失控的时候需要你尽可能地给他们保留一些空间和隐私。让孩子单独待会儿、回房间去或者干脆走开——目的是拉大你们之间的距离，停止争吵——都是可行的策略。但这对有些顽童就不适用，他们有可能会去伤害自己、破坏物品或者侵犯他人。以往的经验会告诉你可能发生什么样的情况。显然，你不应该让非常幼小的孩子在生气或者难过的时候一个人待着。即便是年纪稍大些的，也需要有人在他们经历情绪崩溃的时候静静地陪伴。

情绪崩溃总有过去的时候，正值孩子冲动的时候，任何形式的干预或刺激都毫无效果。确保你和孩子的安全，同时让局势降温才是第一要务。

通常来讲，不要挡住顽童的退路，否则他们可能会从你身上踏过去。这意味着不要挡在门口或者窗前。务必给顽童留下足够的空间，以免导致你自己受到伤害。

无论需要多长时间，你都要耐心等待情绪崩溃的孩子冷静下来。你是无法加速这一过程的。如果情况严重的话，你还要做好错过预约、上班迟到或者无法出门的心理准备。任何缩短这一过程的尝试都只会导致更多的拖延。我们只能祈祷孩子不会经常情绪崩溃。

顽童在经历一次情绪崩溃之后通常会感到非常伤心和疲惫，因此父母要抑制住自己想要继续讨论问题的欲望，多陪伴孩子，让他们感受到你的爱。

“需要安抚型”

多数顽童需要你时不时地运用一些更高超的安抚手段。不过，想要让一个孩子从生气转为平静是必须经过练习才能够掌握的技巧。我想你一定遇到过那种因为压力过大而烦躁不安的人，发现自己也被他弄得心烦意乱，由此可知焦躁是可以传染的。好消息是冷静同样具有感染力。

在教育顽童的过程中，有时候没有什么比让自己保持清醒更重要的事情。当孩子的怒气无处宣泄的时候，父母很容易也被卷入相互开火的旋涡中。不妨暂停一下，审视自己所处的状态。并且自问，自己是否与面前的顽童一样心跳过速，呼吸急促，像机关枪一般语无伦次？你应该把自己的呼吸放缓，语速均匀地说话。每隔一段时间就做一次缓慢的深呼吸。降低自己的声调，放松身体的姿态。总之，诀窍就在于要把你的小船悄悄地驶离风暴覆盖的区域。

身陷冲突当中的人容易迷失方向。如果可能的话，减速并找回你的冷静，然后引导你的孩子化干戈为玉帛。

如何安抚顽童

以下是我最喜欢的几种安抚顽童的方法。建议你反复阅读之后一一尝试，看看哪些最适合你的孩子。选择孩子平静的时候把这些方法教给他们，好让他们在冲动的时候派上用场。

在心里酝酿微笑

闭上双眼，仔细体会身体的感觉。有些部位可能会有疲惫感或者沉重感，其他部位则可能会感到放松或者充满力量。有时候，当你开始放松下来，会感到有一股笑“气”从五脏六腑里喷发出来，就像一杯汽水中的气泡。试着培养这种笑“气”，让它从你的身体里喷涌出来。

寻找心灵港湾

回想你有生以来最快乐、最自信的时期。对于有些人来说这可能是最近发生过的事情，而有些人则要追溯到很久以前。不论怎样，找到这个时期，然后感受身体哪个部位最快乐。可能是胸部，也可能是头部，甚至可能是手臂或者手掌。接下来，用你写字的那只手，让拇指和小指的指尖相碰，然后轻轻地挤压，用这个动作来代表那种快乐和自信的感觉。从今往后，每当你遇到挫折，就重复做这个动作，来让自己回忆起那些美好的时光。

净化心灵（天边的云彩）

什么都不想并不是说到就能做到的事情。下面这种方法可以教你如何净化心灵，以达到放松的目的。据估计，每人每天大概有 13000 个念头从脑海中闪过，不幸的是，这其中多数和前一天想过的事情一样。

设想自己正躺在一片与世隔绝的沙滩上。没有人打扰你，你也感到非常安全。阳光照在你的肌肤上，是那么温暖；清凉的海风抚摸着你的身体，是那么的舒服和惬意。浪花涌上沙滩的声音和你的呼吸同进同退。天边弥漫着几朵云彩。你一面坐着，一面想象云朵渐渐散去，而你脑海中的思绪也随之消散。当最后一片云彩消失在天边的那一刻，你的意念如万里无云的晴空。

腹式呼吸法

将脊柱伸直，以舒服的姿势坐下。长长地呼气，然后用鼻子慢慢地吸气，同时让小腹向外扩张，想象它是一只膨胀的气球。

先尽量不要牵动胸脯。在小腹扩张到一定程度之后，再让胸腔充满空气（这会让肺的中部充满空气），然后稍微收紧小腹，同时耸起肩膀和锁骨（这会让肺的上部充满空气）。

屏住呼吸 5 秒钟，然后用鼻子慢慢呼气。

属于你自己的绿洲

从古至今，绿洲——无边沙漠当中的那一点绿色——激发了天下游子无尽的想象力，他们无不渴望一睹其荡漾的碧水、轻摆的棕榈以及枝头清唱的小鸟。花上一段时间去想象专属于你的绿洲吧！留意那里是否有树木，若有，观察树木的种类。你是否能在绿地的中央找到一口水井或者一弯池水？你还能在脑海中看到怎样的画面呢？留意有哪些颜色、形状、声音、气味等等。

“so-hum”

“so-hum”是瑜伽练习中一种集中精神的方法。它对于缓解紧张和压抑的情绪最为有效。靠着椅背坐下，保持上身挺直。把双手放在膝上。同时，闭上眼睛或者注视其中一只手，用鼻子缓慢地呼吸。每次吸气，都在心里说“so”，每次呼气，都慢慢地说“hum”。尽量延长说“hum”的时间，有些孩子喜欢在呼气的同时在心里默念：“一千，两千,三千……”

彩色万花筒

把你目前的心情用一种颜色来代表。然后闭上眼睛想象这种颜色，注意：

它呈现的形状

它的质地

它是热的还是冷的

它是坚硬的还是柔软的

它距离你是近还是远

现在让颜色化成模糊的影子。重复这个想象到模糊的过程。

创造幸福感

在试图激励“鼠标一代”的过程中，我不禁思考：幸福究竟从何而来？如果有人想进一步研究这一课题的话，网上有一个全球范围的数据库

（www.eur.nl/fsw/research/happiness/）可供参考。

“鼠标一代”注意力集中的时间短，只注重眼前的回报，对外部环境依赖性强——这意味着追求幸福感对他们来说是一个很有吸引力的目标。然而，他们依赖的当下环境相当于一个非常不稳定的幸福来源，因此他们在追求幸福的过程中很有可能会遇到一些障碍。

> 生活不过两种：糟糕的和郁闷的。
>
> ——伍迪·艾伦（Woody Allen）

研究普遍证明，尽管现代人类的物质生活水平已经足以让古代任何一个王公贵族瞠目结舌，但其实我们的幸福感还不及五十年前的人。虽然经济收入稳定在一定程度上能带来幸福——生活水平高的国家里幸福的人确实比生活水平低的国家更多——但金钱并不等于幸福。我们太轻易地习惯于财富和名誉带来的愉悦，以至于昨日的奢华到了今天就成了必需品，明天就成了贱卖的东西。

亚里士多德曾总结说：“人类总是在不停地找寻幸福，却总得不到。”芝加哥大学心理学教授米哈里·契克森米哈赖（Mihaly Csikzentmihalyi）在他的著作《心流》中指出，挫折感是现代人类生活中不可分割的一个组成部分，因为一旦某个愿望得到满足，我们就会立刻开始渴望其他东西。矛盾就在于，人们的期望值越来越高，但生活的质量并没有改善。幸福之所以来之不易，一部分是因为世界并不是为了满足人类的需求而创造的。没有人生下来就拥有幸福，幸福需要人自己去创造。

> 幸福就是当你目睹别人的痛苦时所产生的那种愉悦的心情。
>
> ——安布罗斯·比尔斯（Ambrose Bierce）

和多数人认为的正好相反，幸福通常并不来自被动的放松。很多人觉得在热带度假胜地守着泳池消磨时间最为惬意，如果同时还能喝着美酒并且身边美女如云，那简直就是人间天堂了。虽然我自己很乐于做出牺牲去验证上述生活之不幸福，但事实早已经证明了，最能给我们带来快乐的并不是被动放松，而是忘我地投入一项富有意义的挑战当中去——也就是说，一种可以让我们陶醉到忘了自己是谁，也忘了日常烦恼的体验。每当从这种沉浸中醒来的时候，我们都不禁会感叹："时间都到哪里去了？"人们通常把这种快乐到"不知今夕是何年"的感觉称为"心流"。

能够给我们带来如此体验的活动往往是我们力所能及的事情，纵有挑战也绝不大过我们所能承受的范围。如果挑战过大，我们就会倍感压力；如果挑战不足，我们则会因为无须努力而感到无聊。人们总结出了一系列可以带来"心流"的活动：运动、游戏、社交、绘画、艺术、音乐、阅读、园艺、钓鱼、散步，和孩子或者宠物玩乐，甚至包括工作。

这类活动的突出特点是人们通常自己设定目标，然后自我奖励。从事这些活动可以让人免除必须迎合外界对自身的要求才能获得回报的压力。

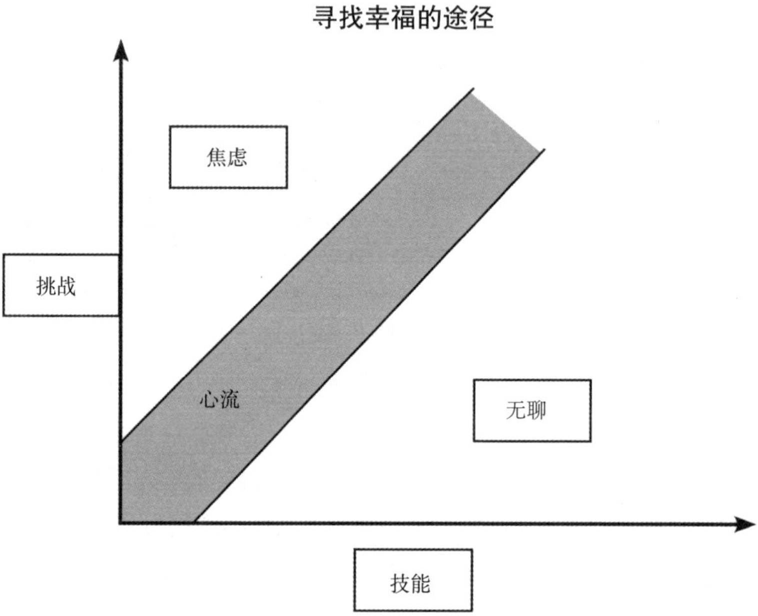

遗憾的是，如何去寻找适合自己的活动却不是学校和家庭所能够教会的。社会期待学校和精力有限的家长们能为孩子们提供立刻就能见效的娱乐和教育方式，结果却产生了一大堆剥夺了年轻人的真正快乐感的活动。

快乐都是人们臆想出来的。从前是生者羡慕逝者有幸永登极乐，如今是成人羡慕孩童，孩童羡慕成人。

——托马斯·萨斯（Thomas Szasz）

年轻人容易兴奋，这或许不会给他们带来焦虑，但确实有刺激的作用。然而，当兴奋的来源消失的时候，他们就会百无聊赖地抱怨说："真没意思。"或者"我没事做。"渐渐地，他们开始消极地依赖外界为其提供娱乐和消遣，而且认为自己会一直快乐下去。不可避免地，世界将让他们大失所望，因为人生既不那么公平也不承诺幸福，于是他们开始萎靡不振。更糟糕的是，他们会把自己的失落归咎于整个世界（其中当然包括父母）！

你可能会听到他们无比遗憾地说："如果我们不住在这个地区，离学校远点就好了。"或者"如果我爸妈对我再宽松一点，他们的车再高级一点，他们的房子再大一点就好了。"再或者"如果我的朋友能更优秀一些就好了。"久而久之，这种抱怨会逐步演变成对物质的依赖，让他们误以为自己无须努力就能得到充实和幸福的生活。

帮助顽童创造充实幸福的生活

想要过上充实的人生，年轻人必须先学会寻找并坚持从事那些会给他们带来"心流"的活动。这意味着至少要让某一部分的生活节奏慢下来，这样他们才有可能逐步开展某项活动，慢慢提高自己的能力，快乐感才能随之提升。尽管有些时候，挑战可能会让他们倍感压力，但是鼓励他们坚持下去非常重要。偶尔出现挑战不足，枯燥随之而来的情况时，他们也要懂得提高对自我的要求。

具体选择怎样的活动要因人而异，可能是足球或者篮球，可能是音乐或者美术，可能是曲棍球或者跳水，可能是写作或者绘画，可能是下棋或者滑板……父母无法为孩子指定某项能给他们带来"心流"的活动，但至少可以让他们尝试多种多样的活动，然后注意观察哪个最能吸引他们的注意力。你不妨先参考下一页罗列的活动。

尽管幸福感并不是唯一的激励手段，但是个很好的起点。我们必须把充实感、激励和幸福感三者结合起来，才能拥有完整的生活。

能给年轻人带来“心流”的活动

1. 泡澡。	30. 播放音乐。
2. 收集东西（例如贝壳）。	31. 安排生日计划。
3. 度假。	32. 骑电动车。
4. 看喜欢的电视节目。	33. 和家人聊天。
5. 逛动物园。	34. 溜旱冰。
6. 演奏或者欣赏音乐。	35. 练习杂耍。
7. 绘画。	36. 参加童子军。
8. 玩玩具。	37. 缝纫或者编织。
9. 参加派对。	38. 唱歌。
10. 游泳。	39. 打乒乓球。
11. 开怀大笑。	40. 园艺。
12. 学讲笑话。	41. 骑马。
13. 变魔术。	42. 梳头。
14. 素描。	43. 看烟花。
15. 玩扑克。	44. 表演。
16. 吃爱吃的东西。	45. 参加合唱团。
17. 到朋友家过夜。	46. 滑雪。
18. 邀请朋友来过夜。	47. 钓鱼。
19. 骑自行车。	48. 为好朋友制作礼物。
20. 玩电脑游戏。	49. 摄影。
21. 培养一种爱好。	50. 独处。
22. 养植物或者种菜。	51. 吃巧克力。
23. 照顾宠物。	52. 在公园赤脚走。
24. 露营。	53. 去儿童乐园。
25. 看漫画。	54. 打排球。
26. 放风筝。	55. 观看足球赛或者踢足球。
27. 给牛挤奶。	56. 购物。
28. 玩滑板。	57. 去博物馆。
29. 划船。	58. 回忆好时光。

续　表

59. 打开礼物。	72. 跳蹦床。
60. 去水族馆。	73. 烹饪。
61. 去农场住。	74. 跳舞。
62. 煲电话粥。	75. 吃冰激凌。
63. 写信。	76. 和朋友共进午餐。
64. 坐飞机。	77. 去野餐。
65. 打垒球。	78. 去看表演。
66. 编故事。	79. 考试通过。
67. 玩拼图。	80. 交新朋友。
68. 打保龄球。	81. 收到信件或者邮包。
69. 演奏乐器。	82. 外出吃饭。
70. 爬树。	83. 什么事情都不做。
71. 冲浪。	

专注地做一件事

> 把最主要的事情放到首要位置，专心来做。
>
> ——史蒂芬·柯维（Stephen Covey）

明白人生并不公平，这点很重要。同理，学校也不是公平的地方。世界不会因为你样样出色就对你另眼相看。通常你只会在擅长的某些方面获得回报。成功的诀窍在于发现自己的长处，然后充分发挥，不去在意那些你不擅长的东西。以下是一些帮助顽童建立更充实的人生的基本策略：

帮助顽童发掘自己的长处，多加鼓励。但也要知道孩子的优点不一定能获得学校的认同。例如，谈判型孩子的口才和恶作剧的本领可能不会得到老师们的欣赏。

帮助顽童凭借他的特殊才能赢得认同。

协助顽童培养不可多得的能力、才华、知识和强项。

帮助顽童找到懂得欣赏他的才能的朋友——那些认同他的人。

父母应当充分相信孩子具备为自己创造充实人生的能力，同时让孩子懂得严格要求自己。

在未来的几十年里，我们生活的世界将发生重大的变化，年轻人必须为此做好准备。如果真的像人们预测的那样，到了 2020 年 70% 的工作都是现在还不存在的，那意味着我们根本无法把需要的知识传授给下一代。我们能够为他们准备的只有旺盛的求知欲和学习能力，以及不断挑战自我的精神。

与朋友建立起真挚的情感关系

能影响我们事业成功和生活幸福的最大因素莫过于我们和他人之间的关系了。任何试图让孩子把心爱的蛋糕和别人分享的父母都非常清楚，交际不是一项简单的课程。

“回报者”（Reciprocators）通常更快乐。能够与他人合作并且为他人考虑，是强化积极情绪的重要方式，也是成功的重要预兆和意志坚强的表现。同样道理，善于沟通和明确的归属感也是防止自杀、暴力和毒品依赖的强效药物。

我们的人生因为有了和他人的联系才变得有了意义。祖鲁人的古语说得好：“我们之所以能成为人，是因为有其他人。”

想要让孩子学会与人合作并且懂得体谅别人，前提是他们必须先具备是非观念。因此，父母一定要坚定地统领整个家庭，不厌其烦地教导孩子“待人如待己”的道理——这可能是唯一一条任何宗教派别都赞同的教条。

父母应该引导孩子合理控制自己的竞争欲望，多和他人协作。同时还应当让孩子明白患难之交和酒肉朋友之间的区别。患难之交是很难遇见的，遇见的多数是酒肉朋友，他们会在你一帆风顺的时候簇拥在你的身边，一旦你落难就立刻不见踪影。这种朋友并不一定是恶人，但我们还是免不了会受到伤害——顽童们尤其难以接受——因为他们把这种人当作了真正的朋友。当非常珍惜的一个朋友在自己患难时离开了，顽童会想尽一切办法去惩罚这个人。因此要让顽童们懂得：不能和自己共患难的朋友不见得就是坏人，这点非常关键。只有明白了这个道理，顽童们才能够更好地接受友谊世界里的起伏不定。

除了患难之交和酒肉朋友之外，顽童还容易和另外一类人走到一起，那就是难友。这种朋友往往在你陷入危难和困境的时候对你关怀备至，一旦你情况转好就立刻弃你而去。因此，顽童需要懂得，朋友也分种类。父母可以给孩子讲述亲身经历，帮助他们明白不是所有的友情都能持续一生。

顽童们有时候会低估他们朋友的数量，并武断地认为自己不受欢迎。根据我的从业经验，每次我问他们自认为有几个好朋友时，答案平均不超过两个。

小结

■ 判断你的孩子属于“头脑发热型”还是“工于心计型”。

■ 为处理“情绪崩溃”做好准备，让自己和孩子都学会怎样冷静下来。

■ 真正的快乐来自专注地做一件能让我们感到“心流”的事情。

■ 顽童的优点往往在童年时期不受待见，但长大以后却益处颇多。

■ 具备良好的交友能力——知道和人相处是基本的生活技能。

■ 顽童需要发掘自身长处和才华。

■ 帮助顽童区分患难之交、酒肉朋友以及难友。

第五部分

从顽童到天才：你一定会遇到七个问题

极少数家庭会顺顺利利，多数家庭都会分裂成两个阵营：一方希望有所改变，另一方希望保持现状。一方会说："我想有更多出去玩的机会。"或者"我想要更多的零用钱。"或者"我不想在公共场合被人看见和你在一起。"而另一方则表示："你还太小。"或者"这不是周末，所以你不能出去玩。"对于大多数家庭来说，所谓养育子女就是一场长达 18 年的辩论赛。

对于有顽童的家庭来说，这场比赛的赛程更加起伏跌宕。

即便是家长运用了我之前推荐的转变策略，生活也避免不了会出现低谷和挫折。不要因此而感到灰心丧气。第五部分就是要告诉你如何处理那些偶尔发生的倒退，同时帮助你引导家里的顽童避开那些会困扰他们的重大难题。

第二十三章　当陷入僵局的时候

如果你发现自己总是面临同一个难题的话，不妨参考以下这些通常有效的处理方法：

1. 暂时撤退，正视失败

先暂停处理这个难题！这会让你有机会重新审视自己的做法，反思之前的努力是否适得其反。如果你感到毫无进展的话，试想一下，如果自己反其道而行之，结果是否会有所不同。不是所有情况都能允许你这样做，但至少你要知道，继续重复同样的做法是不可能带来改变的。

2. 对事不对人

不要动不动就自责，也不要去向孩子问责。无论孩子是吸毒、酗酒、学业差、发生性行为、出现暴力倾向还是缺乏主观能动性，你只要解决问题就好，不要因此而否定自我或者孩子。

非要追问一个难题产生的原因实在没有太大意义。与其在这上面浪费精力，还不如多想想怎么能够解决。即便你弄清楚了根源，解释是有了，可问题依然存在。还是把精力花在改进上面吧！

3. 注意观察没有问题的时候

有时候我们太过忙于解决问题，以至于丝毫没有意识到问题并不是时时刻刻都在发生的。每天写日记是个好习惯，可以发现导致问题消失的原因，或者从根本没有出现问题的状况中获得一些启发。如果你能总结出来怎样做可以避免问题滋生的话，只需重复同样的做法就行了，问题自然没有发生的机会了。

例如，你可以问自己：

在什么情况下，孩子会乖乖地去做作业？

从什么时候起，我们吵了很久的话题消失了？

我们不吵架的时候和吵架的时候相比，情况有什么不同？

孩子和谁在一起不吵架？

是什么让孩子突然间变得积极主动了呢？

4. 孩子的行为和你的反应密切相关

顽童喜欢把事情做给人看——尤其是他们的父母。你可以尝试各种方法去纠正他们的行为，但如果均以失败告终的话，就试着改变你自己的反应吧！就像我在第一点中提到的那样，自问如果一反你惯用的处理办法去做的话会产生怎样的结果。有时候彻底打破常规未必合适，但至少会促使你更积极地去思考处理问题的新角度。

5. 从小事做起

想想看你最有可能在孩子身上实现的转变是什么？不要指望能一次性解决整个问题。尝试着一步步慢慢来。

很多时候你之所以停滞不前，是因为试图在一夜之间就解决全部问题或者完全扭转局面。然而，问题往往是在我们日常生活一点一滴改变的过程中逐渐消失的。很多时候，越简单的方法反而越有效。因此你有必要问自己："我可以通过哪些微小的改变来对问题产生积极的影响呢？"

6. 多关心孩子，少关注行为

当我们被反复出现的问题所困扰的时候，很容易忽略自己和孩子本身之间的关系。其实通常情况下，孩子本身都不是问题的根源，他们的行为才是罪魁祸首。所以，家长们需要时刻提醒自己，无论是生气、恐惧、嫉妒还是愤怒，孩子都和我们一样深受其害。

一个孩子不无绝望地向我抱怨说，他的父母像管一个十二岁的小孩一样约束他，像对待一个二十岁的青年人一样要求他，完全忘记了他实际上是十七岁。

总而言之，当你望着孩子的时候，眼里不要只看到他们的缺点。

7. 不要像钟摆一样一成不变

在很多顽童看来，父母的言行真的非常容易预测。你还没来得及想做什么，他们已经知道你要做什么了。当你陷入僵局的时候，最好寻求突破。古人说得好，傻瓜就是重复做同样的事情却指望有不同结果的人。

8. 寻求帮助（呼叫援兵）

有些问题太复杂、太重大、太让人操心，不是一个人单枪匹马解决得了的，所以当你发现情况超出你的控制能力范围，就该是向外界寻求帮助的时候了。其他父母的建议可能非常有用，但首先需要你鼓起勇气开口求助。你会惊讶地发现，他们会因为你的信任而受宠若惊。

在有些情况下，你可能还需要向专业人士求助，例如威胁到家庭生活和谐的风险——包括暴力、抑郁、自残或者自杀倾向等等。

小　结

每个家庭都有可能陷入僵局，在这样的时候，你应该：

- 退一步。
- 提醒自己对事不对人。
- 注意总结没有问题时的家庭生活。
- 明白孩子的某些行为是故意做给你看的。
- 从小事做起。
- 多关心孩子，少关注他的行为。
- 改变自己的做法。
- 如果有必要，呼叫援兵。

第二十四章　暴力和抑郁

暴力和抑郁是顽童的父母最担忧的两件事：因为这类孩子（还有他们的父母！）更容易养成暴力倾向，也容易陷入抑郁！

暴力和虐待

我们不能允许任何人成为暴力的受害者。家庭成员之间的暴力行为会伤害到所有人的身心健康，如果无法控制的话，就意味着大家必须分开居住。暴力不仅仅局限为侮辱性的语言和残忍的行为，也包括情感上的冷落和虐待。肉体上的暴力对年轻人的伤害最大。我接触过的绝大多数企图自杀的年轻人都遭遇过多年的家庭矛盾，但通常都是在这些矛盾升级为暴力行为之后才真正想要轻生。

即使儿童不是直接受害者，家庭暴力仍然会让孩子深受打击，通常都需要得到专业人士的帮助。

发生在家庭里的性侵犯尤其会导致严重的后果——这类事件给孩子带来的伤害和困扰足以导致他们精神崩溃。如果存在这种情况的话，家长要马上寻求帮助。如何帮助受到性侵犯的孩子本身就足以写成一本书。然而，对于遭到这种伤害的孩子来说，除非有经验丰富的专业人员的帮助，否则几乎永远无法走出这样的阴影。

抑郁

对于表现出严重抑郁症状的顽童，寻求精神健康专家的治疗也非常有必要。青春期是自卑、烦躁和抑郁情绪的多发阶段。

不要消极观望。顽童在某种情绪的笼罩下时间越长，就越容易把它当成常态去接受。任由发脾气的顽童一直生气下去并不能解决问题。同样道理，让原本就情绪低落的顽童更加难过和失望也毫无益处。要知道，顽童的问题通常不会随着时间的推移而自动消失。

总而言之，当前的现状是越来越多的年轻人正在染上抑郁的毛病，而且步入抑郁期的年纪不断提前。青春期中期（15~17 岁）是抑郁症发生的高峰期，女孩抑郁的可能性是男孩的两倍。部分顽童可能在非常小的年纪就开始有抑郁的征兆。

更糟糕的是，一旦有了一次抑郁的经历，就很有可能会有第二次、第三次，而且容易连带引发其他问题，例如吸毒。

父母还要特别注意观察孩子是否有自杀的倾向。最明显的征兆是孩子的行为一反常态。有些孩子在经过了一段时间的低落和抑郁之后，会产生自杀的欲望，但内心反应非常麻木，结果反而表现得情绪欢快，因为他们一旦主意已定就不会再去想痛苦的事情了。如果孩子符合这种描述的话，你必须直截了当地问他是否在计划自杀。只有不容置疑地质问，才有可能唤醒他们去严肃面对这个决定。

任何类似为自杀所做的预演行为也要引起高度重视。有些家长反映，他们的孩子在尝试自杀之前的几周里会突然改变生活习惯，例如穿着衣服睡觉、在冬夜里开着窗户、在古怪的场所睡觉、光顾墓地、经常逃课或者不勤梳洗等等。也有些父母发现他们比平时更闷闷不乐、自我封闭、忧郁深沉，或者突然慷慨地把私人物品赠予他人。

如果你们家的顽童突然间行为反常，或者你直觉上感到自己比平日里更加担忧孩子的表现的话，立刻提出疑问。即便是反应过度，也总好过后悔莫及。如果你的孩子表示出对生活的厌倦，一定要坚持带他去看心理医生。如果他拒绝的话，无论如何都要拖他去。实在不行，就咨询一位你信任的心理健康专家的意见。

我们知道的最常见的自杀征兆就是无助感和抑郁症。顽童抑郁的表现方式有时候不同于成年人。成年人可能会谈论自己的难过，或者借助于发牢骚、用廉价的酒灌醉自己、大吃巧克力等方式来发泄自己的郁闷。顽童则可能只表示感到无聊、“闹心”，而不是难过；他们可能只是比平时更容易发火、更难相处而已；他们的注意力可能会因此而下降；他们更频繁地吸毒；他们要么完全没有精神，要么精神高度亢奋，或者坐立不安；他们有可能食欲不佳，有些孩子会写下阴郁的诗歌，提到自杀和死亡，或者播放病态的音乐。

多数陷入抑郁的顽童平日里就不是容易相处的对象，因此，想要判断他们是否变得更加绝望是件非常困难的事情。当这种绝望侵蚀到了他们整个身心的时候，顽童们会丧失摆脱阴影的能力，也无暇去顾及他人的感受，等到了这种时候，父母们真得引起高度警惕了。

我认为，自我关爱程度是非常有用的预警信号。更加频繁的冒险行为，如吸毒、性行为、明显的自残举动或者危险驾驶，都应当被视为抑郁和绝望的可能性征兆。

小 结

■ 要高度关注暴力和抑郁的倾向。即便是反应过度，也总好过后悔莫及。

■ 如果顽童不愿意去看心理专家的话，告诉他们：“我需要你跟我去见这个人，至少要去一次，好让我知道我的忧虑是不是多余的。”

第二十五章　从说谎到诚实

有些顽童会不惜一切代价来达到目的，包括说谎。必须有人告诉他们：诚实要比说谎更能带来益处。

敷衍、吹牛和撒谎

多数孩子不到三岁时就已经学会说谎了。等到了四岁，他们多半都会明白不应该误导别人，但并不知道错在哪里。在这一章中，我会把不同年龄的孩子对“诚实”的理解总结出一张列表来。

谎言也有多种类型，包括纯粹为了唬人的大谎话，也包括背地里偷偷摸摸的行为，还包括那些旨在敷衍了事的无心之语。下面的对话发生在家长和顽童之间，是最后一种谎言的典型范例：

“派对好玩吗？”

“还行。”

“都有谁去了？”

“所有人都去了。”

“你都做什么了？”

“没做什么。”

很少有人从来没说过谎——别忘了你说过的关于圣诞老人、牙齿仙女还有复活节兔子的故事！如果说谎变成了家里的常态，信任和善意就会荡然无存。很多家长反映当他们发现孩子经常说谎的时候，会感到忧虑、受伤和被利用。说谎的恶习接下来往往会引发偷窃、结交不良朋友和逃学等问题。

通向诚实的道路

养成说谎习惯的孩子通常是因为长期说谎却没有受到任何惩罚，以至于连他们自己都开始相信自己所说的谎话了。那么，我们怎么做才能让他们回归诚实呢？

第一步，在家里定下规矩，所有人都要说到做到。你要为孩子树立良好的榜样。

第二步，杜绝任何说谎的借口，借口是谎言的温床。你要么言出必行，否则就是在说谎——无论什么都不能成为借口。

第三步，父母要成为判定诚实行为的法官。如果你不确定孩子的话是真是假，可以表情严肃地说：“我不太相信你说的话，证明给我看。”

第四步，因为孩子说谎而大发雷霆是鲜有好处的。倒不如这样说：“你真是很有创意（或者称之为想象力）——不过现在该对我说实话了。”当顽童意识到父母在暗地里监视自己的一举一动的时候最为老实，因为他们放弃了欺骗的指望。

第五步，如果谎言被戳穿，孩子必须以某种方式去弥补损失的信誉。顽童对诚实的认识会随着他们长大而变化——请参见下面的表格，里面的信息可能会对你有所启发。

顽童对“诚实”的理解会随着年龄的增长而产生相应的变化，具体请参照下面的表格，你可以从中得到些启示以便知道如何应对。

孩子对诚实的理解

年龄	对诚实的理解	表现良好的目的	主要的教育策略
4 岁	满足愿望——只有我愿意的才是对的。	获得奖赏，避免惩罚。	不要指望孩子能深刻地理解谎言的危害。如果孩子没能准确地复述某件事情的经过，平静地纠正他们就够了。
5~6 岁	服从命令（听成人的指挥）。	不惹麻烦——“如果别人对我说谎我会作何感想？”	在家里立下诚实的规矩，不允许任何人误导他人或者背地里有不光明的举动，这会给孩子以积极的影响。
6~8 岁	别人怎么对我，我也怎么对他。	“不说谎有什么好处吗？”不做亏本买卖的心态。	开始强调感同身受。向孩子解释如果每个人都相互说谎的话会怎样。
8~12 岁	满足别人对自己的期望，取悦他人。	别人看好我证明我确实优秀。成人并不总是对的。我要做出好孩子的样子来——就算是说谎也要避免不愉快。	这个年龄段的交友方式会很不稳定，因此应该让孩子知道诚实待人是获得友谊的重要条件。如果和朋友发生了矛盾，要劝阻孩子贬低他人或者散播谣言。
12~14 岁	明确知道对错，但为了获得别人的认同，可能会说谎或者误导。用欺瞒的方式说谎。	对朋友忠诚。要让朋友认同自己。	这是培养诚实性格的关键时期。要充分相信孩子，但也要密切监督。例如，如果孩子说想要去同学家过夜的话，你可以说：“好的，但在我给他父母打电话之前，你有什么要告诉我的吗？”

续　表

15~16 岁	深刻地具备了是非的观念，但有时还是对说谎的后果欠缺考虑。	诚实是有选择性的，有些人不值得你说真话。	帮助孩子预测后果：“如果这样的话你认为会发生什么情况呢？”
17岁以上	承担起对朋友、家人和社会的责任。	诚实是一个好人的必备品质。	鼓励孩子参加社区活动。（不是所有人都需要经历这个阶段。）

不同类型的顽童的说谎特点

操纵型

有时为了面子和胜过他人而说谎。父母应当确保孩子懂得尽力才是最重要的。诚实地赞扬。

谈判型

重点一定要放在更正谎言上，而不要针对说谎的行为。

竞争型

他们说谎通常是为了吹牛，而且还会以为自己必须兑现这些承诺。要限制孩子毫无根据地胡乱吹嘘自己的“胜利”。

辩论型

除非有确凿的说谎证据，否则不要轻易施加惩罚。只阐述你观察到的行为，不要妄下结论。

冒险型

谎言在这类孩子身上有可能会引发极其可怕的后果。如果说谎形成了习惯，或许会导致他们在毫无监管的情况下从事非常冒险的活动。

消极型

对于这类孩子，说谎可能是逃避参与和摆脱责任的借口。他们会以身体不适为借口来回避社交活动或者家庭出游。要密切监督这类孩子，如果他们经常拿健康当作借口，就带他们去看医生。

小　结

- 说谎是顽童的常见问题。
- 孩子说谎的原因会随着年龄的增长而改变，因此父母教导孩子诚实的策略也应随之变化。

第二十六章　来自同龄人的压力

你们家的顽童可能会结交一些你不认同的朋友。最好的解决办法就是鼓励他们和多种类型的人交朋友。

另外一个世界

在现今的时代环境下教育孩子不同于从前的年代，会更加艰难，因为孩子身上承受着一种父母看不见摸不着的同龄人压力。手机、电邮、短信等通信方式使得父母几乎无法监控孩子的交际活动。

很多顽童都栖身于两个世界之间：一个是同龄人的世界，在那里他们必须时刻维持神秘、冷静和成熟的形象；另一个是家庭的世界，在这里他们依然可以撒娇和犯错。父母不应该期望孩子能在同龄人和他们面前保持一个模样。

三招制胜法

首要的一件事就是结识孩子的朋友们。先认识他们本人，然后有可能的话，认识他们的父母，就对你再有利不过了。总而言之，所谓“三招制胜法”就是：认识孩子的朋友，并款待他们，再结交他们。

不要忘了同龄人的压力既能引发不良影响，也能带来积极鼓励。如果你能和孩子的挚友们建立起稳固而积极的关系的话，就很有可能把压力转变为动力。

如何避免不健康的同龄人压力

“你还是处女吗？”

“试试这种毒品，很棒的。”

“我们把这车借走来个午夜兜风怎么样？”

“你太胖了，该减肥了。”

“你太难看了。”

“在学校就应该胡闹。”

这类话题足以让任何父母夜里失眠。友谊的世界对于很多孩子来说其实是一个残酷、以牙还牙和恶性竞争的世界。难免会有人对你的孩子说出非常恶毒的话，顽童尤其容易遭遇这种待遇。

即便是充满个性的顽童也有可能被同龄人的看法所左右。父母应当教导孩子如何区分观点和事实。不妨把多数人都不会认同的你本人的某些看法和孩子分享，然后让孩子提出他自己的某种观点，将其和实际情况做一比较。例如：

“你最喜欢的颜色是什么？”

“你觉得世界上所有人都会和你同样喜欢这种颜色吗？”

（但愿孩子会回答“不会”，但如果他回答“会”的话，你可以对他说：“那么让我们来检验一下，找十个人问问看。”）

“如果你说这种颜色是世上最美的颜色，别人会有何反应呢？有些人可能会赞同你，有些人则不会。你觉得这种颜色漂亮，那只是你自己的看法，别人眼中最美丽的颜色也只是他们的观点。多数事情都是这个道理。”

我经常和那些过于在乎他人对自己看法的孩子做一个游戏，那就是从杂志上找一些照片，让孩子们给这些人的美丽程度打分，然后让他们把自己的评分和他人的做比较。这样做的目的是为了让他们懂得，美丽是仁者见仁、智者见智的事情。这不是一个容易实现的目标，但至少可以让他们意识到，别人的意见并不总是对的。

告诉你的孩子：“不要相信别人对你的所有评价，如果你实在感到担忧的话，多问几个人的意见。”

不同年龄的孩子所承受的同龄人压力

归属感是同龄人压力产生的深层原因，而并非所有的归属感都是正常的（参见第十五章中的相关表格）。

在上小学之前，孩子主要自己玩耍，因此鲜有同龄人压力。和小朋友分享玩具和争夺老师的关注是这一阶段的唯一重要内容。

在小学阶段，男生和女生会在同性中分成若干小团体，他们最在乎的事情就是谁被邀请去参加派对或者去同学家过夜。

一上高中就会明显出现众多小帮派——女孩子群体更团结、更排外也更讲究地位。一个孩子的外表发育程度在其中起着非常关键的作用。

针对青少年学生中受欢迎的个人特征的调查颇有启发性：

年龄	男孩	女孩
17 岁	友好、有影响力、酷。	友好、自信、善良。
16 岁	朋友多、有领袖风范、友好。	朋友多、快乐、外向。
15 岁	自我、朋友多、酷。	善良、友好、朋友多。
14 岁	朋友多、性、毒品。	迷人、朋友多、男朋友。
13 岁	酷、朋友多、有魅力。	朋友多、迷人、酷。
12 岁	酷、有名、朋友多。	迷人、朋友多、时尚。
11 岁	朋友多、酷、善良。	漂亮、朋友多、酷。
10 岁	酷、幽默、朋友多。	朋友多、漂亮、酷。
9 岁	酷、可爱、聪明。	酷、可爱、聪明。
8 岁	酷、淘气、出色。	酷、朋友多、聪明。
7 岁	酷、可爱、有名。	友好、独特、可爱。
6 岁	和气、善良、乐于助人。	和气、乐于助人、漂亮。

从这张列表中我们不仅会看到，早在六岁时，外表的美丽对于女孩子就已经非常重要，同时还会发现在青春期后期，一个人的受欢迎程度相对于外貌来说更依赖于其交际能力和自信程度。

扩大交友类型

除了之前介绍的，通过结交你孩子的朋友来避免孩子受到同龄人压力的消极影响之外，还有一种方法就是想办法稀释可能的不良影响。确保孩子结交各种类型的朋友一方面可以提高他的抗打击能力，同时也可以减少他被少数人带坏的可能性。扩大交友范围的方式有旅行、青少年团体、经常拜访亲友、转学，或者在必要的时候，换个区域居住。

同龄人压力对不同类型顽童的影响

家长们经常抱怨自己家的顽童被不良的同龄人给带坏了。让我们来看看都有哪些情况。

操纵型

操纵型的孩子自己就可能成为带坏他人的始作俑者。要教导他们以诚待人。如果发现孩子有散布谣言、欺凌他人或者背后说别人坏话的行为的话，要采取零容忍的态度。

谈判型

谈判型的孩子往往给人感觉“很酷”。最佳策略是先瓦解他们的小团体，再逐个击破。永远不要在同龄人面前和谈判型的孩子谈判。

竞争型

由于总在承受超越别人的压力，竞争型的孩子容易陷入孤独和受人欺凌的脆弱境地。帮助这类孩子区分酒肉朋友和患难之交。

辩论型

辩论型的孩子容易受到同龄人的利用。他们天生的勇气可能会导致他们为了一些居心不良的人冲锋陷阵。

冒险型

救救家长们吧！一群冒险型的孩子聚在一起简直就是父母们的噩梦。尽可能鼓励你们家的冒险型的孩子结交多种类型的朋友，尤其一些安静的类型。如果他们还是跟同类型的孩子走到了一起，一定要确保他们遵守规矩，例如参加有组织的体育比赛。

消极型

哪怕只有一个密友也会带来极大的好处。这类孩子可能会在某一阶段喜欢和比自己年幼的孩子在一起。试着让他们和各个年龄段的人交朋友，包括你自己的同龄人。

小　结

采用“三招制胜法”来笼络你孩子的朋友们：

- 认识他们。
- 款待他们。
- 结交他们。

第二十七章 完美主义和拖延症

完美主义是我所知道的最能打消孩子积极性的性格特点。除非我们及时把它遏制住，否则很多顽童会被这种倾向挡住进步的脚步，不去尝试任何新鲜事物或者接受挑战。

追求完美是顽童的天性

你家的顽童有没有看重自己的错误多过自己的正确呢？他对自己是否报以不切实际的期望呢？想要获得A+结果却只得到了A-对他来说是否构成了毁灭性的打击呢？他是否会因为生活中一点点的不完美而闷闷不乐呢？如果是这样的话，那么欢迎进入完美主义者的世界！

如同彩虹末端的那罐金子，完美主义是虚无缥缈的。正如萨尔瓦多·达利（Salvador

Dali）曾经说过的："不用担心完美——它永远不会出现。"然而，尽管毫无实现的可能，完美主义却能捕获众多顽童的心。

完美主义既有可能成为压力的来源，也有可能成为向上的动力。它让有些人到达了自己做梦都想象不到的高度。但一旦和惩罚捆绑在一起，完美主义足以扼杀任何想象力、摧毁全部上进心。更何况，有益于成就的东西不一定有益于情感。

不要误解我的意思，我希望我的牙医、飞行员、出租车司机和外科医生都是完美主义者。我们这里谈到的是一个度的把握，以及这类性格倾向对孩子的影响。

拖延症：完美主义者必然的下场吗？

拖延症是完美主义者的通病。很多顽童成了完美主义的牺牲品——他们太害怕犯错，反而最容易导致犯错。完美主义作用下的顽童表现为拒绝参加任何他们认为自己会失败的活动。这会极大地限制他们的生活。

父母可以这样帮助顽童中的完美主义者：

在家里增加一些随性而至的安排。突然间决定全家人去野餐，或者突然改变主意拉着全家人去看一场新上映的电影，这会让追求完美的顽童意识到生活并不是那么可控制的。

把一项任务分割成几部分。例如，不去关注一场网球比赛的胜利，而是强调孩子出色的发球技术。这会提醒孩子更重视某种技能的发挥，而不是光想着赢得比赛。过于强调结果容易引起紧张继而阻碍表现。

鼓励持续地进步。设定目标但更关注持续的进步。例如，爱因斯坦历经二十次修改才最终确立了相对论。另一个不断进步的例子就是约翰·纳贝尔（John Naber），他在1972年的奥运会上眼看着马克·施皮茨（Mark Spitz）一连夺得了七枚游泳金牌，包括纳贝尔主攻的项目100米仰泳。纳贝尔立志要在1976年蒙特利尔奥运会上夺得金牌，他总结出想要获胜就必须把自己的成绩提高4秒，他有四年的时间来实现这一目标。纳贝尔决定每年游快一秒。因为他每天训练两次，那意味着每次游完一百米都要比前一次快1/730秒。终于在1976年，他实现了自己的金牌梦。

关注超越自我。有些顽童误把结果当作“最好”的证明，但对于多数人来说，只要竭尽全力就足够了。

完美主义对不同类型顽童的影响

在这方面，不同类型的顽童情况千差万别。完美主义会让有些顽童焦虑和不安，也会让部分顽童萎靡不振和倍感挫折。以下只是常见的表现：

操纵型

操纵型的孩子如此善于导演事件的结局，以至于自以为能够掌控全世界。他们必须明白生活并不是那么可控制的。让孩子明白这个道理的最佳方法就是父母经常做出出乎意料的举动。

谈判型

这类孩子最有可能逃避尝试任何自我感觉不擅长的事情。因为他们太在意周围人的眼神，所以初次尝试最好选择在没有同龄人观看的情况下进行。

竞争型

把“人各有所长”的道理教给这类孩子：就像一张由不同口味的馅料拼凑而成的比萨饼，我们每个人都有自己的特色，只有合起来才是完整的。有些人可能只有一两项特长，有些人可能兼具多种特长，有些人即便只有一种特长，但他在这一件事情上异常出色。关键不在于擅长事情的数量，而在于你如何发挥自己有限的长处。

辩论型

这些理性主义者的社会正义感导致他们期待看到一个完美的世界。引导他们懂得，学业上的分数并不是个人价值的衡量标准，应该把怨言转化成行动。

冒险型

把一项任务分割成几个小部分，同时定下时间要求。把这类孩了完成任务时表现出来的专注力和执行力作为衡量其表现的标准。

消极型

不能任由这类孩子逃避。消极型的孩子可能会认为不丢面子的最好方法就是什么都不做。鼓励他们参与体育、音乐等活动或者培养个人兴趣，并对他们寄予很高的期望，这会有助于他们坚持下去甚至获得成功。

小　结

- 完美主义会妨碍顽童尝试新鲜事物，削弱他们的抗压能力。
- 增加家庭生活的不可预测性。

第二十八章　性教育

这一代的年轻人是在各种性影像的狂轰滥炸下长大的。有时候，父母们感觉孩子正在跳过青春期的后半段，直接跃进成年阶段。我们生活的这个社会时常把青春期看作一种需要尽快纠正的错误——倘若能用治疗的方法带领孩子走过青春期，就再好不过了。

顽童的父母要格外注意保护这段童年时期，因为顽童往往对本年龄阶段内的事物兴趣不多，反而更想提前进入成年人的世界。

让顽童提前成熟对任何人都没有好处。父母应当通过各种以家庭为单位的活动和顽童维系亲密情感，并且对于内容不合适的电视节目、电影或者电脑游戏要坚决制止。复杂的外界社会使得性早熟的孩子面临太大压力，过早接触成年人的世界容易导致各种形式的高风险行为。

性取向

对于普通青少年来说，确定自己的性取向都不是一件容易的事情，更何况那些怀疑自己是同性恋和双性恋的孩子。我很早就意识到这方面的倾向经常会引发父母和孩子双方的困惑。

困惑的原因之一就是他们想要弄清楚这些感觉是暂时性的还是永久性

的。有些同性恋年轻人表示，早在青春期初期甚至更早，他们就意识到了自己和他人的不同之处，而有些一生都挣扎在对自己的欲望和性取向的困惑中。通常来说，把年轻人的性取向简单地分成“暂时的”和“长期的”没有什么意义。

成年人应当理解孩子在起初体会到这些倾向时产生的迷惑、孤独和不确定。这会导致他们在归属感方面缺乏自信心。父母最常用的处理方法是重申自己对孩子无条件的爱，同时对他们能够做出正确的决定表示信任。如果你对他们说：“别担心，无论怎样我都会爱你。”这会被孩了理解为：“尽管我对你极度失望，但我会接受你然后装作一切正常。”因此不要这样讲，而应该简单明了地告诉他们：“我爱你，家永远属于你。”

有些年轻人在确认自己性取向的过程中会不断试探身边人的反应，对他们的看法非常敏感。这将是一段过山车一般的体验，会有情绪激动的高潮，也会有极度沮丧的低潮。在某个阶段，他们可能会将性取向当作生活中最重大的事件，这有可能会引发家庭危机。

一个年轻人回忆起，当他刚刚发现自己是同性恋的时候给家人造成了极大的困扰：“我整天就像吃了火药一般。如果父母有朋友来造访，我会和他们谈起同性恋的话题，单纯就是为了看他们尴尬的样子。我想是因为我不希望家人对这个问题视而不见或者粉饰太平。”

对于多数同性恋和双性恋年轻人，爱情迟早会比性取向更为重要。因为他们和常人一样会经历恋爱、失恋到再恋爱的过程。没什么特别的，不是吗？

对于目睹孩子经历人生艰难时期的父母们来说，生活似乎充满了压力和沮丧。在这种时候，作为家长，你一定要确保自己获得必要的帮助来战胜困难，同时引导孩子走出困境。

小 结

■ 当顽童遇上性的问题的时候，结果可能是可怕的、复杂的以及让父母们担惊受怕的。

■ 任由顽童提前成熟对任何人都没有好处。

■ 要劝阻孩子穿着不符合他们年龄的带有性暗示的服装，制止他们不恰当的行为举止。

第二十九章　顽童家长必备的心理素质

传说曾有人问过米开朗琪罗的职业是什么，他并没有回答说自己是名艺术家，而是把自己的工作定义为把掩盖艺术之美的多余材料从雕塑上去除的过程。他说自己的责任并非在于创作，而是在于发掘。这与养育顽童的经历有异曲同工之处。

顽童是有能力改变世界的人。他们拥有顽强的斗志、充沛的精力和果断的决心去闯出一番事业来。即便经历风雨的洗礼，他们也会傲然挺立。若想要他们发挥出所有的潜力来，父母不仅要有百折不挠的意志，还要有积极乐观的心态。

要做顽童的好家长，你必须具备一双善于聆听的耳朵、一颗慈爱的心灵以及一种苦中作乐的精神。

善于聆听的耳朵

我说的“善于聆听的耳朵”指的是：你要先学会忽略自己主导的声音，然后去试着倾听孩子的感受，耐心听完他们的故事，了解他们的想法、希望、梦想甚至包括沮丧。这是一个漫长的努力的过程，因为人和人之间相处的状态不外乎两种：正在说话或者正在等待说话。

“清理你的耳朵”是要求你放下自己的偏见、猜测和对他人意见的断章取义。臆断总是比聆听要省力气得多，然而顽童不同于平常的孩子：当才华遇上脆弱的性格的时候，其结果是复杂和独特的。

顽童的父母必须能够听懂“言外之意”，因为顽童在情绪激动的时候，容易说出最让人心碎的话语来。如果你能够体会出那暗藏在话语背后的恐惧和焦虑，会有助于你在最疾风骤雨的时刻保持冷静，不让冲突的风暴伤及亲人之间的感情。

慈爱的心灵

拥有“慈爱心灵”的人最富有同情心。作为家长，你要懂得欣赏顽童性格和行为中的闪光点——透过那些不良的表现看到隐藏在内心的美好品质以及各种行为的真实意图。

很多顽童的鲜明个性都会让成年人产生要修理他们的冲动。然而不要忘记这些孩子具有巨大潜力，做好雕琢璞玉的心理准备，不要陷入那些无谓的争执当中去。

顽童的父母总是会收到各种各样的劝谏，多数不是毫无用处，就是鼓励“棍棒底下出孝子”。“慈爱的心灵”不仅是给予孩子的，也包括你自己在内。你或许不是最懂得教育顽童的人，但一定是最了解自己的孩子特点的人。谁都难免犯错或者迷失方向。归根结底，最重要的事情并不是要试图成为天底下最完美的父母，而是要用尽你全部的心力去努力，做你孩子的“畏友”，在犯错的时候勇敢承认，但凡说到就一定做到，并尽量保持你和孩子之间的亲密关系。

我听说莫扎特曾创作过一支曲子，但因为太过和谐、太过流畅以至于反而没有了灵魂和特色。于是他改写它，加了一些不协调的成分，把某些音符延长到了超乎这类音乐常规的程度，结果为乐曲增添了张力和戏剧性。从某种角度上来说，人生亦是如此：正是那些不完美才成就了我们的魅力。

苦中作乐的心态

“苦中作乐的心态”的意思是，你应当为自我呵护留一些时间。养育子女是世上最辛苦但也是最伟大的工作，而养育顽童则更像是在暴风雪之夜跑长跑。因此你不仅需要保证充足的睡眠，还要了解外面世界的各种动向，尤其是要经常开怀大笑——这不仅会让你避免迷失方向，更能有助于你成为更棒的家长。

《与狼共奔的女人》的作者克拉利萨·品卡罗·埃斯蒂斯（Clarissa Pinkola Estes）发明了一个非常绝妙的名词叫作“手工雕琢的生活”。我们每个人都如同一名陶艺家，在塑造和雕琢着自己的人生。尽管有时候我们难免会被周围的环境和外界的影响所左右，但归根结底我们仍然有能力保持自己的个性。

顽童往往具备更强烈的欲望去融入所处的环境，即便是以丧失自我特点为代价也在所不惜。作为顽童的父母，我们应该充分鼓励孩子保留自己的个性，帮助他们学会如何既张扬个性，同时还能为他人所认同，提醒他们不要忘记发挥自己的优势和才能。我们对个性的鼓励和重视会让孩子懂得去勇敢地坚持自我。

顽童并不是有瑕疵的孩子，因此无须任何“修理”。他们只是需要学会如何发挥出自己的特长以及用灵活的方式和他人交往，需要正确的引导才会绽放出光芒来，而父母是孩子的最佳引路人。

要想获得“手工雕琢的生活”，你得具备一点逆潮流而行的勇气。当多数人都在为了生存越来越忙，工作的时间越来越长，开心的时刻越来越少的时候，我们更有必要提醒自己，人与人之间的感情——尤其是和家人之间的感情——才是人生中最有意义的事情。

我们也应当不时地用传统的心灵疗法里常用的四个问题来进行一下自我反思：

> 你从何时起不再歌唱了？
> 你从何时起不再起舞了？
> 你从何时起不再听故事也不再讲故事了？
> 你从何时起不再看重沉静的价值了？

小 结

保持冷静的条件：

- 有善于聆听的耳朵。
- 有慈爱的心灵。
- 有苦中作乐的心态。
- 懂得让自己开心。

第六部分

从顽童到天才：老师都在用的转变技巧

无论在哪所学校里你都会遇到以下这两种学生：

第一种是让你喜欢的：他们可爱、听话、随和、友好。

第二种是让你头疼的：他们特有主意，精力充沛但脾气坏，爱跟你叫板而且总是神秘莫测。

顽童并不是坏孩子；他们只不过是习惯了用单一的方法去处理所有的问题。

多数老师都会面对这样一个矛盾：这些最让你头疼的孩子也最有可能成为未来的精英。令人遗憾的是史书未能记载贞德、拿破仑、戴高乐和林肯的老师在他们毕业时候的心理活动。我猜想，这些老师多半不会因为离别而伤心流泪，反倒是会在心里长长地呼出一口气，然后说："终于结束了，让他们去拯救世界吧，我终于能休息一下了。"

有的顽童尽管淘气，但仍然可爱得让你想要拥抱他们，有的则把你折磨得恨不得一头去撞墙。这些孩子绝对是大有本事的，如果你用错了方法，他们可以把你的生活变成一出悲剧。

接下来的内容就是为了帮助你找到各类顽童的共性，以便找出最恰当的策略来激发出他们的巨大潜力——同时也为了防止你被他们弄得丧失理智。

给操纵型学生的老师的转变技巧

操纵型学生的座右铭：

不择手段！

操纵型学生的特质：

把老师玩弄于股掌之中，可以让你为他们神魂颠倒，也可以把你生吞活剥。

会欺负其他孩子。

非常善于讨大人喜欢。

意志坚定，甚至不撞南墙不回头。

野心极大、目标明确。

最佳写照就是《小淘气》中的安吉丽卡（更多典型人物参见第二章）。

常见优点	常见弱点
聪明。 专注。 机智。 有志向。 有目标。 有极大的领导潜力。	和朋友闹掰的时候会反应激烈。仅仅成为关注的焦点对于他们来说还远远不够，他们必须超越所有人。对他们来说，没有很好，只有最好。 为了达到目的可以不择手段。 如果胜利（或者取悦大人）需要通过说谎、欺骗和诋毁他人来实现的话，他们不会有任何顾忌。 他们的道德观是建立在“怎么方便怎么来”的基础上的。

如何帮助操纵型学生转变

首先，祝贺你拥有这样聪明、专注、有理想并且有成为领导者潜力的学生。

想要成为操纵型学生的老师，你务必要做到深思熟虑。首先，确认班上哪些孩子属于这一类型本身就要花费一段时间。你会被他们当中某些人的可爱外表所蒙蔽，不排除其中有些还是学校里的明星学生。密切注意那些总是不惜一切代价去力争第一的孩子。有时候最受欢迎的孩子就是操纵型。

你务必要尽早和他们的家长取得联系，并让他们成为你亲密的盟友。这样一旦发生什么意外事件，你们之间的战略联盟关系将会发挥很大作用。

记住，这类孩子会毫不脸红地说谎，而且具有多年讨大人欢心的丰富经验。很多父母都不愿承认自己的孩子是操纵型，甚至会毫无理智地为子女辩护。如果遇到这种家长的话，不要白费口舌，专注于改善孩子在学校内的表现。

操纵型的学生拥有诸多才能，教育得当的话将成为社会的栋梁。但首先你要帮助他们停止使用不光明的手段。要让操纵型学生转变，你必须：

对操纵型学生的底细一清二楚。
能当场揭穿他们的把戏。
能眼观六路、耳听八方。

针对操纵型的学生，我建议建立老师和学生之间的“一帮一”机制。由指定的教师随时掌握特定操纵型学生的各种动向——让这个孩子没有任何机会去搞鬼。例如让指定的教师在午餐的时候找到自己负责的学生，对她说：“你跟我来。”当然，这可能会招致学生的抗议和抱怨：“我又没做错什么事情。”对于这样的反应，老师可以回答说：“但是存在这种可能性，所以你得跟我走。”

接下来的事情才是最令人欣慰的。起初操纵型的学生会怨声不断：“这不公平，为什么我非得跟你走？我要和同学们一起玩。”但过不了多久，他们就会和这位老师建立起一种非常特殊的关系。因为在此之前从未有过一个成年人对他们像现在这样了如指掌。随之而来的安全感有时候并不会马上得到操纵型学生的感激，但确实会帮助他们改正缺点，成为更优秀的人。

在课堂上，用精心设计的小组活动来让学生轮流成为领导者，经常更换组员。建立正常的组织结构，防止欺凌行为的发生，把操纵型学生的领导欲望向积极的方向引导。虽然操纵型的学生天生具有领袖的潜质，还是要多让他们尝试不同的角色，如果发现他们有异常倾向的话，立即取消他们的领导权力。

操纵型的学生还有可能在背地里欺负别的孩子。如果出现类似事件，可以让所有相关学生都把事情的经过写出来，然后存档。

要“以其人之道，还治其人之身”，采取主动策略，给予操纵型的学生额外的监督。在学校这个范围内，可能发生的最糟糕的情况就是两个操纵型的学生狭路相逢，争夺至尊地位。那绝不是你想要看到的局面！先把双方分开，再逐个击破。把他们的情况上报，然后请另一位老师帮忙专门监督他们其中的一个。

给谈判型学生的老师的转变技巧

谈判型学生的座右铭:
一切都是可以商量的。

谈判型学生的特质：

比狼还敏锐。

你一不小心就可能成为他们的猎物。

永远有别的说法——如果你提出两个，他们一定有第三种方案在等着你。

狡猾、有趣、善于欺骗。

通过不服从指挥来左右局面。

利用恶作剧（这是他们的拿手好戏）来讨大家喜欢。

不懂得适可而止。

代表人物是巴特·辛普森（更多典型参见第三章）。

常见优点	常见弱点
极度善于玩弄文字游戏来搞笑、挑战和转移话题。 高度独立。 积极主动。 幽默。 机灵。 博学。 好耍小聪明。	利用转移注意力的方法逃避做任何可能导致失败的事情。 认为真相是可以任意篡改的东西。 不愿意表现得听话：对于你的命令，他们不是耸耸肩就是抛出一句俏皮话。 喜欢在人前搞笑或者出风头。

如何帮助谈判型的学生转变

多年以来，时常有被这类孩子逼得绝望的老师前来向我诉苦：“我再也不想教那个孩子了。”或者“我真想把这个小家伙倒挂在树上抽他一顿。”每当听到这种反应，我立刻就知道他们是遇到了谈判型的学生。

所有遭遇谈判型孩子的成年人内心都非常矛盾。这类孩子实在是太有趣了，我们经常忍不住和他们笑在一起。每当这种情况发生，我们都会误以为自己拉近了和这些孩子的距离。然而，一转眼的工夫，这些孩子就会变成让人讨厌的小恶魔，我们又会感到他们辜负了自己的信任。

如果我们和这类孩子之间果真已经建立了友谊的话，那失望还算是心甘情愿。可是，别忘了我们是在学校里，师生关系不同于私人感情，谈判型学生的一切做法都是为了哗众取宠而已。

谈判型的学生做事积极、反应灵敏、知识广博，像卓别林一样幽默。不幸的是，他们也能把你逼疯。文学作品中像这样的人物随处可见：汤姆·索亚、哈克贝里·芬、淘气鬼丹尼斯，还有最具有代表意义的巴特·辛普森。不要因为上述需要高度警惕的典型人物都是男孩子，就误以为女孩子可以幸免——谈判型可不分男女。

对付谈判型学生的五步策略

你对付谈判型的学生所要做的第一件事情就是让他失去观众。如果你没想到这一点，无论怎么做都注定失败。供你参考的方法包括把谈判型学生派到别的老师的班级去“旁听”，或者干脆留他一个人在教室里。

第二步，选择一两项原则绝对不让步，至少坚持六个星期的时间。明确说明你希望看到的表现，但不要把目标定得太高。老师的通病就是高估了改变所能涉及的范围，却低估了它所需要的时间。通常来讲，如果你能在六周之内改变谈判型学生的一项缺点，就足够荣获一枚勋章了，而两项绝对是极限了。你也可以请其他老师来协助你。

第三步，对谈判型的学生说：“你必须这样做。”然后告诉他如果不这样做的后果。不要指望谈判型的学生会相信你的话。他们拥有多年和成年人斗智斗勇的成功经验，一句警告不足以让他们止步。他们只会看你怎样做，不会在乎你怎么说。

第四步，你没必要和谈判型的学生展开讨论。否则，唯一可能的结果就是他们精神焕发，围观的群众得以观赏好戏。如果他们触犯了你定下的一条或者两条底线，要尽可能在私下里冷静地去处理。你可以先对他们低语：“你违背了我们的规定。如果你不马上停止的话就等着接受处罚吧！你自己选择。”然后退后静观一分钟，如果不良行为仍在继续，立即执行你的转移观众策略。找一个你更方便的时间来实行针对不良行为的惩罚。特别有效的一种惩罚方式就是要求该学生提前到学校帮你为一天的工作做准备。你可以吩咐他们去复印资料或者打扫教室。这些工作还可以帮助他们学习承担责任。

第五步，在这六周时间里，找一些其他方法帮助谈判型的学生获得同学的认可，让他和一些不经常往来的同学相处，给他们一些领导权限甚至特权。

另外，再提醒一点：小心这类孩子把接替你的老师当成猎物吃掉！你最好建立一个档案供继任老师参考，这样在你离职之后，至少可以为继任者的成功增加一线希望！

给辩论型学生的老师的转变技巧

辩论型学生的座右铭：
说到最后的才是说得最好的！

辩论型学生的特质：

意志坚定。

喜欢反驳且不愿服输。

天生是当律师的材料。

通过在家和兄弟姐妹争吵培养出了高超的斗嘴能力，然后到学校来发挥。

代表人物是英国前任首相玛格丽特·撒切尔夫人（更多典型参见第四章）。

常见优点	常见弱点
高度看重公正和是非曲直。 口齿伶俐——擅长语言表达。 精力充沛到执着的程度。 分析能力和辩护律师不相上下。	容易愤愤不平。 爱盯住一件事情没完没了。 对自己的情感反应不敏感。 对反感和偏颇非常敏锐，但其实是为了掩盖内心的不安全感和缺乏自信。

如何帮助辩论型的学生转变

“法官大人请注意，上周四下午两点十三分，当你转过身去的时候，迈克偷吃了我的巧克力蛋糕，赛丽在我的书上乱画，艾米丽则对我做鬼脸。这些行为已经严重违反了法律！”

不，你不是在法庭上，你是在听一个辩论型的学生向老师抱怨他的同学。你们班上出了一位勇气、精力和分析能力都不亚于一名专业检察官的辩论型学生，他有能力在一个回合中同时完成陈词、引用过往案例和反驳辩方律师三项任务。拥有这样一个学生无异于每天面对联合国的人权调查官——“这不公正！”会是你经常听到的一句话。

老师对待不同学生的细微差异都可能在辩论型学生的口中升级为对人身自由、男女平等和平均主义的重大侵犯。他们会

声称：

> “这不公正，因为（接下来可能选择以下任何一句话：）
> 我使用电脑的时间不到四分钟。
> 我上次没做完作业的时候你就没让我出去。
> 我的巧克力蛋糕没有他的大。
> 为什么我必须自带铅笔，而他们却不用带呢？”

这清单可以无穷无尽，而且经常后面还跟着一句：“我会让我的妈妈（爸爸）来就这件事情跟你讨论的！”

你会为了向这类孩子澄清自己而被逼入死胡同，因为你可能会这样解释：“不，这没有不公正的地方。因为上周你去看牙医没有来，所以不知道迈克少用了电脑两分钟，而赛丽得到的蛋糕其实比你的小，大卫早就写完作业了，布里昂妮自己带了铅笔。”

这足以让你应接不暇！除非你打算成为一个被僵硬的规矩束缚至死的老师，否则你必须采用其他方法来应对辩论型学生的投诉。

首先，允许他们先简单阐述自己的观点，然后重申你的决定，但不要试图解释，而是尽量表达同情。

你可以说：“你一定因为没得到更大块的蛋糕或者更多的电脑时间而感到不满和愤怒。”你的态度要和气且充满理解，但不要改变你的立场。

有时候辩论型的学生会想要继续讨论下去，遇到这种情况，你要说：“我很愿意听取你的意见，但必须另找时间。你可以在放学之后来找我。”

如果他们真的来了，让他们陈述自己的想法并提出解决方案。不要承诺会按他们说的去做。安静地听完，然后说：“谢谢你的建议。”

面对辩论型的学生，你必须意识到问题并不需要当场解决。事实上，在倾听他们抱怨的时候，你最好表现得非常理解但又不真正帮忙。每当和这些孩子在一起的时候我都会不由得联想起电视剧《弗尔蒂旅馆》（*Fawlty Tower*）里的西比尔·弗尔蒂，每当她的朋友在电话里向她发牢骚的时候，她都只会说："我知道你的感受，我太理解了。"

如果他们真的让你动摇了决定，也不妨坦然承认："的确，你说得对，这样做会更公平一些。"但是不要过度改变立场，如果你这样做，就等于是告诉所有学生，一切都是可以商量的。这会让你最宝贵的东西——理智——成为狂轰滥炸的对象。

对辩论型的学生让步有可能会导致其他学生认为你偏心，结果你还要再去接着补偿其他学生。或者，你上次让辩论型的学生如愿以偿了，所以这次必须要他让步。总是这样试图均衡每次的进退实在是太复杂、太折磨人了。

对了，还有一件事：不要让辩论型的学生坐在操纵型的学生边上，这两类顽童凑到一块就是麻烦的温床。

给竞争型学生的老师的转变技巧

竞争型学生的特质：

凡事都要和人一争高下。

无视后果。

防御之心极强。

不惜一切代价也要取得胜利。

爱吹牛。

可能成为世界的主宰者，但也有可能成为极度渴望关注之水的“海绵”。

通常不考虑他人的感受。

代表人物是前自行车运动世界冠军兰斯·阿姆斯特朗（更多典型参见第五章）。

常见优点	常见弱点
喜欢设定目标，然后为之努力。 爱做计划。 创造优势（通常是利用别人的缺点）。 意志坚定。 善于管理时间。 一旦下定决心有可能会成就大事。	和这些孩子的较量无异于超级大国之间的军备竞赛。 不听指挥，爱顶嘴，爱面子胜过一切。 他们会假装毫不在乎。 就算知道对自己没有好处，但是为了获得胜利也会继续做某事。

如何帮助竞争型的学生转变

首先祝贺你拥有这样热情高涨且性格独特的学生，你只需提出挑战，他一定会欣然接受。不过坏消息是——他接受不了失败。

我最近参观了一所设有隔离室的学校。当我看到里面安静地坐着一个男孩的时候，我走了进去，在自我介绍之后，我问他因为什么被惩罚。他很酷地看了我一眼，暗示我不要招惹他，然后很得意地说："我是在预支惩罚。"这个孩子居然是在为了未来的某一天被老师罚去隔离的时候可以回答说"我已经提前隔离过了"才在这里坐着的。他真是为了能够占上风，什么事情都肯做！

类似阿姆斯特朗这样的人看上去冲劲十足，可能会让你误认为他们一定坚强过人。但其实他们也会有承受不住压力的时候。当他们遭遇失败时，你可能会惊诧于他们的脆弱。

多数顽童都需要稳定和规律，竞争型的孩子也不例外。不要让这类孩子把你逼到角落里去。你要清楚地讲明规定："要知道，我们必须先完成半个小时的阅读，然后才能……"

因为竞争型的人天生喜欢接受挑战，所以不妨找些有意义的事情让他们去做。你可以这样鼓励他们完成作业：“如果你能写出一篇让我满意的文章的话，就可以去做……”记住不能限定时间，如果你对竞争型的学生说：“如果你能在十分钟之内完成，我就……”，他们会把以前的旧东西拿来充数。所以一定要强调质量，而不是时间和数量。如果你让他们写出一篇至少 50 字的作文，他们真的一个字都不会多写。

如果你的班上不止一个竞争型学生的话，那么试着找些机会让他们既能学会面对失败又不至于太没面子。例如设计一些匪夷所思的小测验或者不着边际的“推测”游戏，或者允许自己评分的活动，这些都是不错的方式。

给冒险型学生的老师的转变技巧

冒险型学生的特质：

追求强烈刺激。

喜爱挑战和超越的感受。

率性、肾上腺激素分泌过度的瘾君子。

经常绑着绷带或者拄着拐杖，身上青一块紫一块的。

通常不具备提前计划的天分。

代表人物是已故著名鳄鱼捕手斯蒂夫 · 艾尔文（更多典型参见第六章）。

常见优点	常见弱点
天性善良。 无所畏惧——他们尝试的事情会让我们大多数人吓得发抖。 精力极度旺盛。 注意力集中的时候，能在短时间内完成很多事情。	经常消失。 不善于判断危险系数。 不经常吸取教训。 不善于放弃。 太过乐观以至于高估自己的能力。

如何帮助冒险型的学生转变

首先祝贺你拥有这样一个意志坚定、激情四射的小超人。没有什么是他们不敢尝试的，所以你最好考虑清楚了再决定带全班学生去郊游。

欢迎你来和时间赛跑！正如竞争型的学生需要挑战一样，冒险型的学生则需要时间作为刺激。冒险型的学生其实很喜欢上学：不但有挑战还有同学之间的交流，更不乏各项体育活动可以参加。问题在于你愿不愿意做他们的老师，因为和冒险型的学生在一起的生活不是天堂就是地狱。

教育冒险型的学生最有效的策略就是让他们和时间赛跑。如果你对他们说："你只有五分钟时间去找十个人来回答这十五个问题"的话，冒险型的学生会一跃而起，马上行动。

如果你能取下教室里的挂钟的话，会更有效果。在没有时钟显示的情况下，你把五分钟拉长到二十分钟也不会有人知道。

事先要让冒险型的学生了解你布置的任务需要哪些程序，这会有被挑战的危险，因为程序本身就可能被他们当作挑战的内容。规则越简单越好，否则容易导致局面乱成一锅粥。

当冒险型的学生体内肾上腺激素激增的时候，你面临两种选择：或者让他们安静下来，或者把能量转移到其他地方去。安静不是冒险型学生的天赋之一，但绝对是他们经常需要的一种能力。在你的教室里保留一部分安静的空间来给冒险型的学生使用。

至于如何把冒险型学生的能量疏导到其他地方，你就需要自己摸索了。可以给予他们一些积极的鼓励并赋予其适当的责任。在冒险型学生冲动的时候可以让他们去玩电脑游戏，或者利用体育活动和做游戏的方式去学习（例如通过拍手、唱歌或者绕口令来帮助记忆数学口诀和公式），或者通过排演戏剧来提高阅读能力。

总之，教育冒险型学生的黄金法则是：在他们激动的时候让他们动起来！不要等着他们自己安静下来，你永远不可能等到。

冒险型的学生可能要比别的孩子更晚拥有丰富的内心活动：本性决定了他们很少去思考事件背后的意义。因此他们很有可能在生气或者伤心的时候却不明白自己为什么这样。他们也会惊讶于成年人竟然把他们当作危险分子而拒绝带他们去郊游。冒险型的学生还有可能对朋友和同龄人的感受非常不敏感。

选择在冒险型学生平静的时候帮助他们从不同的角度去看待事情或者试着推断他人的感受。让他们描述自己的心情和情感也很有用。冒险型的学生尤其需要有人教他们如何安排计划和分清主次。找一个他们感兴趣的事情，然后设计一个项目，让他们可以为此安排计划：这会对他们今后的人生大有帮助。

冒险型的学生（和竞争型的学生一样）会特别受益于培养抗压能力和情商方面的课程。

试着让冒险型的学生学会“停、想、做”的三步法则，该灵感来自红绿灯。

红灯：停下你正在做的事情。

黄灯：想想还有没有其他选择。

绿灯：想好之后再去实施。

其他对冒险型的学生很重要的技能还包括预测能力和风险评估能力。可以假设一些状况，做角色扮演游戏。或者截取某段电视节目，然后问他们："接下来可能会发生什么事情？你能预见到哪些危险？"

给消极型学生的老师的转变技巧

消极型学生的特质：

神秘，不喜欢把想法和感受说给他人听。

和外界似乎格格不入。

经常丢东西。

似乎不注意听别人说话或者无视身边发生的事情。

很难被激励。

经常自我隔离。

会没完没了地在图书馆里看书，通常回避和他人交往。

一个典型的例子就是印度前领袖甘地，他仅仅通过不合作就帮助印度人民赢得了独立（更多典型参见第七章）。

常见优点	常见弱点
有思想。 富有创意。 敏感。 想象力丰富。 聪明。 精明。	想让他们跟你交心很困难。 抱着“多一事不如少一事”的心态。 不活跃，不投入。 爱用“什么”“不知道”“好像”“随便”来回答一切问题。

如何帮助消极型的学生转变

首先祝贺你拥有既聪明又精明且情感丰富的学生，他们几乎永远不会直接挑战你的权威，但坏消息是，想要知道这孩子的脑子里在想些什么，或者试图让他专心做某件事情，都可能足以让你愁得一夜白头。

消极型的学生总是一副迷迷糊糊的样子。“失物招领处”是你结识这类孩子的好场所。

消极型的学生很乐于在你的课堂上默默无闻一直到毕业。你很容易把他们的没精打采当作缺乏兴趣或者不求上进。你必须特意去留意他们才行。尽量让你们之间的关系更加私人化。如果老师能每天抽出五分钟时间和每个学生逐一交谈的话当然最理想不过了，这点对于消极型的学生来说尤其有必要。

消极型的学生很容易被忽略，一方面因为他们太过安静，另一方面也是因为想要从他们嘴里得到一句完整的回答极其困难。当他们在思考如何回答的时候，不要催促他们，可以再找时间向他们重复相同的问题，但不要让他们逃避。

老师在教育消极型学生的时候容易犯的一个错误是越俎代庖。帮忙并不一定有帮助，甚至有可能适得其反。给这些孩子分配任务并让他们承担责任是让他们参与活动的最佳方式。

消极型的学生经常希望“变小”而不是“长大”，所以找机会让他们多参加一些不同年级混合的活动或者和低年级学生一起阅读可以帮助他们成熟起来。

增加消极型的学生参与小组活动的机会。让组员轮流担当领袖，通过这种活动来提高他们对自己能力的信心。有一位老师因为班上这类孩子众多，而不得不把交流所需要使用的语言都写在黑板上，例如：“我们要做的第一件事情是什么？”以及“我们接下来该做什么？”等等。

同时还应该和消极型学生的家长建立积极的交流途径。经常通过电子邮件或者短信和家长沟通。

天哪！以上这些类型我们班上都有！

如果在你的班级里有像安吉丽卡一样的操纵型学生，像巴特 · 辛普森一样的谈判型学生，像撒切尔夫人一样的辩论型学生，像丘吉尔一样的竞争型学生，像艾尔文一样的冒险型学生还有像甘地一样的消极型学生的话——不要绝望，并非没有办法可以让你的教室回归宁静，只不过需要多一点心思和策略而已。

在和学校或者社区合作的时候，我倾向于把青年人大致分为四类：

1. 前途无量型

2. 缺乏兴趣型

3. 拒绝合作型

4. 危险边缘型

等你看完下面的内容就知道你的学生都属于哪一类型了。

1. 前途无量型

这类孩子很少在学校里给你找麻烦。他们总是一副“祖国的花朵和栋梁”的模样，随时准备回答你的提问或者完成某项任务。前途无量型顽童几乎不会在行为上出什么问题。操纵型的孩子、辩论型的孩子、消极型的孩子，偶尔也有谈判型的孩子，都可以被划归为这一类型。

前途无量型的孩子都是乖孩子，但矛盾的是，他们同时也是最缺乏抗压能力的一群。他们容易成为完美主义者，并因此而不愿尝试新的学习方法或者做任何不确定的事情。

关于完美主义倾向，请参考第二十七章。另外，经常向这类学生提出挑战，确保他们有数不完的猜测游戏和小测验可以做。

2. 缺乏兴趣型

这类学生包括那些成功学会了逃避关注的类型，他们经常过着半隐形的生活。他们是如此的不引人注意，以至于你经常回忆不起他们究竟来没来过。尤其在那些拥挤的学校里，这类学生可以年复一年地逃避提问、拒绝回答或者消极怠工。这些孩子很少做什么坏事，但也不做太多好事。

属于这一类型的顽童包括：

还没有找到新的目标的竞争型。

处于康复期的冒险型。

独来独往中的消极型。

举止比较得体的谈判型。

3. 拒绝合作型

他们是你最头疼的一群。他们会用那种“看什么看？我不信你敢把我怎么样？我倒要看看你还有什么办法”的眼神对着你。和这种学生对抗，你会冒着浑身发抖、紧张到崩溃的危险，所以最好不要尝试。

划归这一类型的顽童包括：

心怀不满的操纵型。

渴望哗众取宠的谈判型。

刚发现了一种刺激游戏的冒险型。

承受不住压力的消极型。

想要挑战你极限的竞争型。

辩论型的孩子偶尔也有可能加入这个阵营，但通常是为了给貌似被你冤屈的同伴两肋插刀。

4. 危险边缘型

危险边缘型主要指那些存在明显学习障碍的孩子或者青少年，他们往往来自破裂的家庭，通常表现出严重的冲动和注意力不足。这类孩子需要具体情况具体对待，想要帮助他们进步，你需要专业人士的协助。

我建议老师们在纸上把班里的学生划分到这四类中去。这四类孩子的比例可能会经常发生变化，因为孩子会从一类转为另一类。

好了，我已经分完类了，接下来该怎么办？

对于任何想要恢复班级秩序和宁静的老师来说，首要目标都是先专攻缺乏兴趣型的孩子。因为他们在班级里是看客，不是参与者。

首先，选择三个缺乏兴趣型的学生，想方设法让他们感兴趣。布置他们去做符合他们兴趣爱好的工作，这本书里也许有方法可以供你使用。如有必要，可以使用最经典的威慑加贿赂加转移注意力的教育手段。

如果你能把这些缺乏兴趣的群体变成充满兴趣的一群的话，你将拥有一大群爱学习的学生。没有这个关键主体的帮助，教室将成为捣蛋鬼们的舞台而不再是宁静的学堂。

各种顽童的存在比例

你可能在想："我们难道不应该先从拒绝合作型入手吗？毕竟他们是麻烦的源头。"让我先来给你讲一下这类孩子的特点吧：

学生类型的分布情况

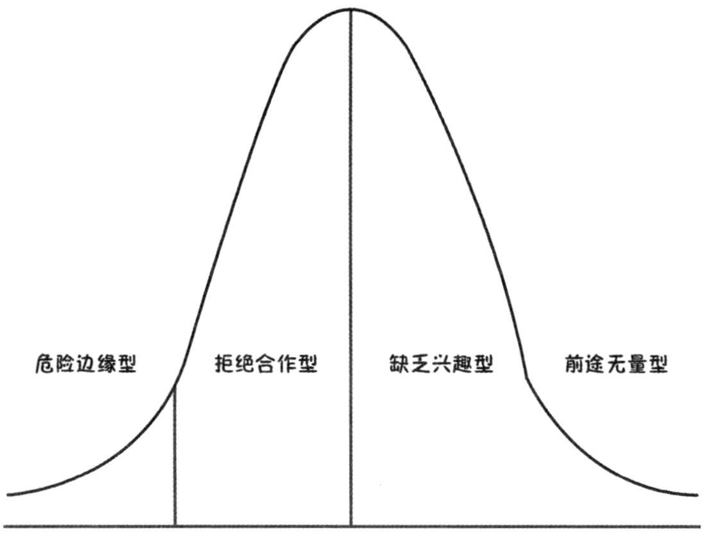

他们当中有些人你就是努力一辈子也别想改变。

你不是他们效仿的对象，他们只向同龄人看齐。

他们不是笨小孩。事实上，不少缺乏兴趣型的孩子都绝顶聪明。曾有一个对我说：“你想知道怎样能逃避上课吗？你只需要走到某位老师面前然后告诉他去〇〇 ××（做爱的另一种说法）。”这当然不是他的原话，但估计我不说你也知道。

他们发现获得同龄人欣赏的方法之一就是折磨你。

如果多数同学都在忙于学习的话，他们当中有些人（不是全部）就会转变阵营也开始学习。

在帮助顽童成为积极和抗压能力强的学生的过程中，多发挥惯例的力量而不是依靠说教。希望这本书中提供的急救包以及其他信息能够让你在教育顽童的道路上先行一步。

祝你好运！

教育专家们的强烈推荐

我先后和安德鲁·弗勒在三个教育部门合作过，因此深知他在业内广受尊敬和推崇。教育顽童是具有相当挑战性的工作，因为这些孩子有些时候确实非常难以管理。所幸安德鲁在他的新书中为家长和老师们提供了诸多切实可行的建议。

《家有顽童》不仅让我们得以认知这类孩子的行为特点，而且给出了非常实用的教育策略，从而帮助家长和老师们在尊重孩子个性的前提下促成顽童的转变。书中关于教师指南的内容出现得尤其及时，因为人们开始日益重视中学阶段以及青春期的儿童教育。这些补充信息可以帮助老师们更好地去引导这些正处在成长关键期的年轻人。

——特雷弗·弗莱彻尔，新南威尔士州中学教育处副总干事

《家有顽童》凝聚了安德鲁·弗勒多年的心理辅导经验。他运用通俗易懂的语言为我们展示了六种顽童的类型，并为家长们详细介绍了转变行为和激发潜能的五个步骤。

由始至终，安德鲁都一再强调顽童绝不是“坏”孩子，只不过是习惯于一种待人处事的方法而不愿意改变罢了。安德鲁倡导的教育理念是由家

长和老师去引导孩子意识到其他交流方式同样有效。行为不好并不代表孩子本身不好，家长可以时而遵从惯例，时而随性而至，无论采用哪种模式，安德鲁都为教育者们提供了转变行为的具体方案。在提醒家长和老师不可急躁的同时，安德鲁还鼓励以六个星期为一个计划周期来衡量进步的情况。他还敦促家长成为子女的“畏友”来帮助孩子提高抗压能力。

在安德鲁的著作里，你不会遇到心理学和教育学书籍中常用的那些拗口的专业术语，而是用家长们最能接受的深入浅出的方式来娓娓道来。

作为一个教育者，这本书最打动我的地方就是安德鲁不仅仅关注了那些搅乱课堂和家庭生活的麻烦制造者们，他还提醒我们去注意学校里最缺乏抗压能力的群体，也就是我们通常所说的“用良好表现来做掩护”的学生们。我尤其高兴看到安德鲁还为老师们特别准备了一个指南，这充分印证了想要更好地帮助顽童进步，学校和家庭必须齐心协力。

——劳瑞安·戴，珀斯市卡梅尔中学校长

《家有顽童》为我们展现了一个个精彩的年轻人的内心世界，让人不忍释卷。不仅如此，它更让我们体验到了摆在众多家长和老师面前的种种教育难题。这本书让我们对那些令人头疼的孩子有了更深刻的反思。它向我们提出了一些有趣的挑战：为什么某些孩子在发展抗压能力和同情心的道路上需要我们付出更多的努力？以及我们如何能够抵御眼下忧郁和缺乏自信的社会潮流?

安德鲁为我们提供了这些问题的答案,他不仅安抚了我们的忧虑,同时恢复了我们对教育这些孩子的信心。多年以来和家长老师以及孩子的交往经验,尤其是在处理棘手状况时所积攒的心得,让安德鲁获得了宝贵的人生领悟。安德鲁最大的优势就在于他能够用非常诙谐有趣的笔调来引起家长和老师们的兴趣。

对于所有教育工作者来说,“教师指南”部分都是必读的章节。安德鲁原原本本地列举了众多老师在确保所有孩子都能发挥出全部潜能时所遭遇到的种种难题。

《家有顽童》一书中多次提到有关教师的责任以及成年人在年轻人成长期所扮演的重要角色。书中提供了极为丰富的教育策略来指导我们如何去教育这些让人“头大”的“顽童们”!我向所有关注社会未来和想要知道如何能培养出富有责任感和坚强意志的年青一代的人们强烈推荐这本书。

——维吉妮娅·艾略特,悉尼市西尔维娅中学校长

版权合同登记号：图字 30-2021-008

图书在版编目（CIP）数据

家有顽童 / (澳) 安德鲁 · 弗勒 (Andrew Fuller) 著；夏欣茁译. — 海口：南方出版社，2022.10

书名原文：TRICKY KIDS: Transforming Conflict and Freeing Their Potential

ISBN 978-7-5501-7691-1

Ⅰ. ①家… Ⅱ. ①安… ②夏… Ⅲ. ①家庭教育 Ⅳ. ①G78

中国版本图书馆CIP数据核字(2022)第127818号

JIA YOU WANTONG

家有顽童

[澳] 安德鲁 · 弗勒/著　夏欣茁/译

责任编辑：代鹤明
责任校对：张婉宜
版式设计：郭文萍
出版发行：南方出版社
地　　址：海南省海口市和平大道70号
电　　话：(0898) 66160822
传　　真：(0898) 66160830
经　　销：全国新华书店
印　　刷：三河市北燕印装有限公司
开　　本：700mm×1000mm　1/16
字　　数：192千字
印　　张：15
版　　次：2022年10月第1版 2022年10月第1次印刷
书　　号：ISBN 978-7-5501-7691-1
定　　价：58.00元

新浪官方微博：http://weibo.com/digitaltimes